U0802063

反电信网络诈骗犯罪实务指南

王辉华　主编

FAN DIANXIN WANGLUO
ZHAPIAN FANZUI
SHIWU ZHINAN

中国检察出版社

图书在版编目（CIP）数据

反电信网络诈骗犯罪实务指南 / 王辉华主编 . 北京 : 中国检察出版社 , 2024. 11. -- ISBN 978-7-5102-3125-4

Ⅰ . D924.33-62

中国国家版本馆 CIP 数据核字第 2024GH0008 号

防范电信网络诈骗实用手册

王辉华　主编

责任编辑： 吕亚萍

技术编辑： 王英英

封面设计： 徐嘉武

出版发行： 中国检察出版社

社　　址： 北京市石景山区香山南路 109 号（100144）

网　　址： 中国检察出版社（www. zgjccbs. com）

编辑电话：（010）86423787

发行电话：（010）86423726　86423727　86423728

（010）86423730　86423732

经　　销： 新华书店

印　　刷： 北京联兴盛业印刷股份有限公司

开　　本： 710 mm × 960 mm　16 开

印　　张： 14.25

字　　数： 173 千字

版　　次： 2024 年 11 月第一版　　2024 年 11 月第一次印刷

书　　号： ISBN 978 - 7 - 5102 - 3125 - 4

定　　价： 52.00 元

检察版图书，版权所有，侵权必究

如遇图书印装质量问题本社负责调换

《反电信网络诈骗犯罪实务指南》编委会

主　编	王辉华			
副主编	黄兵国	容慧辉	吴　劲	熊麒麟
委　员	黄婷婷	杨秋玲	董彩珍	柯天寿
	张辉谋	陈耿锋	陈德强	谢健娣
	蔡泽昌	吴荣华	梁活锦	李冬璇
	张小霞	张纪航	李美玲	戴文婷
	符堪灿	张　欣	肖俊斌	李燕玲
	张高瑞	陈坤蓉	劳靖雯	庞元锐

前言

电信网络诈骗是犯罪分子利用电信网络技术，通过远程、非接触等方式诈骗公私财物的行为。近年来，随着技术的发展，电信网络诈骗蔓延迅速，给人民群众财产安全带来严重威胁，也影响社会和谐稳定。电信网络诈骗呈组织化、产业化、链条化、剧本化、智能化、境外化发展趋势，给打击电信网络诈骗工作的开展造成一定困难。

以习近平同志为核心的党中央高度重视打击治理电信网络诈骗犯罪工作，强调要坚持以人民为中心，统筹发展和安全，强化系统观念、法治思维，注重源头治理、综合治理，坚持齐抓共管、群防群治，全面落实打防管控各项措施和金融、通信、互联网等行业监管主体责任，加强法律制度建设，加强社会宣传教育防范，推进国际执法合作，坚决遏制此类犯罪多发高发态势，为建设更高水平的平安中国、法治中国作出新的更大的贡献。

广东省茂名市是国内较早出现电信网络诈骗犯罪的地区，辖内电白区曾被公安部列为全国打击治理电信网络新型违法犯罪首批重点整治地区之一。茂名市对电信网络诈骗保持严厉打击高压态势，强化党政主导、综合治理，于2017年11月成功摘牌，由“电信诈骗重灾区”变身为“全国反诈骗先进示范地”，取得了良好的成效，也积累了丰富的执法司法实践经验。

司法工作作为打击电信网络诈骗的重要一环，对遏制电信网络诈骗、保障群众合法权益有着不可或缺的作用。但随着作案手法的迭代更新，司法打击电信网络诈骗也面临困境，表现为犯罪内部的分工更加精细，犯罪过程更加隐蔽和复杂，不同的人员负责诈骗过程中的不同环节，如信息收集、人员引流、实施诈骗、资金转移等，同时也催生了为不法分子提供技术支持、资金结算的“黑灰色产业”，这给证据的收集和固定、案件罪名的准确认定、各个环节行为人的责任追究、区域协作打击以及犯罪的预防等都带来了新的挑战，对执法司法机关的侦查、审查、审判能力都提出了更高的要求。茂名市检察机关组织有关人员对相关情况进行深入分析研究，编写了本书。

本书在内容上不仅包括案件办理实务指引，还涵盖社会治理措施；既追求实体上罪与非罪、此罪与彼罪、轻罪与重罪等定性准确，又包括管辖依据、证据收集等程序合法。从诈骗概念与成因、法律概念与条文辨析、证据审查要点等角度出发，系统梳理电信网络诈骗案件的办案思路，对诈骗财物数额认定、财产追踪、区分他罪等疑难问题提出对策措施，供司法工作人员办案参考；对电信网络诈骗社会治理工作进行总结梳理，旨在助力推进打防结合、综合治理，有效铲除电信网络诈骗犯罪滋生土壤。

希冀本书的出版为社会各界协力推进电信网络诈骗治理提供有益参考。因水平有限，如有不妥之处，敬请读者不吝指正。

本书编委会

目 录 Contents

第一章

电信网络诈骗特点及成因

第一节　电信网络诈骗的概念和特征

一、电信网络诈骗的概念

反电信网络诈骗法规定，电信网络诈骗是指以非法占有为目的，利用电信网络技术手段，通过远程、非接触等方式，诈骗公私财物的行为。

电信网络诈骗并非我国刑法规定的独立罪名，在2022年9月反电信网络诈骗法颁布之前，电信网络诈骗也不是严格的法律术语。电信网络诈骗随着经济、网络以及电信技术的发展而兴起，总体经历了初始阶段、扩散阶段、攀升阶段到转折阶段的演变历程，[①] 其称谓与概念也有一个逐步演变的过程，曾出现过"虚假信息诈骗""通信诈骗""通讯信息诈骗""信息网络诈骗""电信诈骗""电信网络新型诈骗犯罪""电信网络新型违法犯罪"等概念。

通说认为，电信网络诈骗起源于20世纪末的我国台湾地区，当初诈骗分子主要利用六合彩、刮刮乐等方式实施电信网络诈骗，俗称"台湾式诈骗"。[②] 随着我国台湾地区对该类犯罪打击力度加大，大陆通信与金融条件持续改善，民众生活水平不断提升等客观环境的变化，大约在2000年前后，电信网络诈骗逐渐从台湾经福建、广东等

---

① 兰跃军、张跃：《电信网络诈骗犯罪的成因分析与治理对策》，载《现代社会与犯罪治理：经济犯罪专题研讨——中国犯罪学学会第三十届学术研讨论文集（2021年）》，中国检察出版社2021年版，第211页。

② 王小洪、陈鸿：《浅论跨境电信诈骗案件证据体系的建构》，载《公安研究》2012年第12期。

东南沿海省份扩散至大陆，随后蔓延至全国。中国大陆最早的电信网络诈骗团伙也开始冒头，主要出现在福建安溪、广东深圳、湖南娄底等地。

在初始阶段，诈骗分子主要利用电话、手机短信等方式实施诈骗，当时多以“手机诈骗”“电话诈骗”“短信诈骗”“手机短信诈骗”等命名。[①] 2004 年 4 月，福建省公安机关率先部署开展“打击治理利用手机和网络虚假信息进行诈骗犯罪专项活动”，并在 2007 年 7 月联合法院、检察院出台《关于办理虚假信息诈骗案件若干问题的意见》，[②] 将这类犯罪定性为“虚假信息诈骗”。“虚假信息诈骗”的外延更加宽泛，既包括以电话、短信为主的通信诈骗、互联网诈骗，也包括通过邮寄信件、张贴广告、报纸刊文等方式，散发虚假信息对不特定多数人进行的诈骗。[③]

从 2008 年开始，我国电信网络诈骗犯罪率持续攀升，发案数量以每年 20% 至 30% 的速度快速增长。为了便于交流、增进协作，公安部于 2009 年正式将这类案件统一定性为“电信诈骗案件”。随着对这类犯罪的持续严厉打击，诈骗分子逐渐转移至境外，缅甸、泰国、老挝等东南亚国家成为中国电信网络诈骗团伙新的大本营。诈骗分子从境外对境内群众进行诈骗，又称“跨境电信诈骗”。但当时我国境内仍然存在多个地域性诈骗团伙。[④]

从 2015 年开始，随着网络技术的发展，智能手机、移动互联网

① 南京邮电大学信息产业发展战略研究院:《中国反电信网络诈骗蓝皮书》，人民邮电出版社 2017 年版，第 1—3 页。

② 闽公综〔2007〕449 号。

③ 王小洪、陈鸿:《浅论跨境电信诈骗案件证据体系的建构》，载《公安研究》2012 年第 12 期。

④ 王世卿、杨富云:《论大陆打击跨境经济犯罪合作机制的完善——以电信诈骗和银行卡犯罪为视角》，载《中国人民公安大学学报（社会科学版）》2014 年第 3 期。

与线上支付逐渐普及，电信网络诈骗进入技术迭代升级阶段，以发短信、打电话为主要方式的“电信诈骗”已不足以囊括电信网络诈骗。使用木马病毒、钓鱼网站、QQ、微信等作为犯罪工具越发常见，网络手段逐渐超越电信手段成为诈骗主流手段。电信网络诈骗犯罪呈现出诈骗方式频繁翻新、诈骗损失巨额攀升、诈骗跨境化等新态势。2015年6月，国务院召开打击治理电信网络诈骗犯罪工作部级联席会议，将这类犯罪统称为“电信网络新型诈骗犯罪”。① 但之后的一些规范性文件并未统一使用这一称谓，如2016年公安部、中国银监会联合出台的《电信网络新型违法犯罪案件冻结资金返还若干规定》称之为“电信网络新型违法犯罪”；2016年公检法颁布的《关于防范和打击电信网络诈骗犯罪的通告》和2018年最高人民检察院出台的《检察机关办理电信诈骗案件指引》称之为“电信网络诈骗”。一直到2022年9月的《反电信网络诈骗法》才明确将其定义为“电信网络诈骗”。

二、电信网络诈骗的特征

电信网络诈骗是传统诈骗结合信息网络技术而产生的新型违法犯罪类型，既具有传统诈骗的一般性特点，也呈现出新的行为特征。与传统诈骗相比，电信网络诈骗通常不存在现实的犯罪现场，诈骗分子主要通过远程操控诱使被害人交付财物，但是，其以非法占有为目的，采用虚构事实的方法骗取财物的诈骗本质没有改变。

电信网络诈骗区别于传统诈骗罪的主要特征有三个方面：

（一）利用电信网络技术手段

电信网络诈骗主要借助电信网络技术手段完成犯罪的全部或主要

① 李永涛：《电信网络新型诈骗犯罪侦查与治理研究》，中国人民公安大学出版社2018年版，第2页。

环节。电信网络技术手段的运用使诈骗活动更加隐蔽、精准，涉及范围广，难以被侦破。随着电信网络技术手段的迭代更新，诈骗活动的手段也在不断翻新升级，电信网络技术手段帮助诈骗行为人获取大量个人信息数据，并通过整理和智能化分析数据，锁定被害人，利用所获取的信息资料对被害人进行画像，提高诈骗成功的概率。[①] 目前，比较常见的电信网络技术手段包括利用虚假链接或网页、交易显示不成功促使被害人多次汇钱的网购诈骗；利用“钓鱼网站”链接、植入“木马”程序进行银行卡诈骗；利用社交软件虚构身份并骗取他人信任，以诱导被害人充值方式连续骗取被害人财物等。

（二）通过远程、非接触方式

犯罪手段的技术性使电信网络诈骗活动的全部或者主要环节表现为远程、非接触方式。从非法获取、收集公民个人信息到锁定被害人，从开始实施诈骗行为到逐步取得被害人信任，从被害人转账到诈骗分子转移赃款，各环节大多在虚拟空间中以远程、非接触的方式完成。传统诈骗犯罪行为人与被害人之间一般会直接接触或面对面交流，犯罪现场往往也会留存痕迹物证。而电信网络诈骗则在虚拟空间中进行，行为实施地往往与犯罪结果地相分离，钱款的支付和转移也是在虚拟空间中瞬间完成的。诈骗分子与被害人之间没有直接物理接触，而是通过数据交换进行非接触式的联系。[②] 因此，电信网络诈骗犯罪具有人员分散性、操作远程性、身份隐匿性等特征。[③]

---

① 雷达：《反电信网络诈骗法条文注释与实务指南：图解版》，中国法制出版社 2023 年版，第 6—10 页。

② 王燃：《大数据侦查》，清华大学出版社 2017 年版，第 99—101 页。

③ 王浩：《网络语境下侵财犯罪的演变、异化与趋势分析》，载《犯罪研究》2018 年第 5 期。

（三）针对不特定多数人

电信网络诈骗的犯罪对象为不特定多数人，呈现以点对面、一对多的形态。[①] 传统诈骗犯罪中虚构事实、隐瞒真相并诱使被害人转移财产的行为，是针对特定人的"点对点""一对一"形态，如"棋局诈骗""丢包诈骗""吊模斩客诈骗"等，寻找目标、实施诈骗、产生危害后果局限于特定时空范围。而电信网络诈骗则是广泛撒网寻找潜在目标、重点筛选缩小范围、锁定目标实施诈骗。这种广泛撒网式犯罪造成的危害后果远远大于传统诈骗。[②]

这里的"不特定多数人"应当从整体上理解。反电信网络诈骗法立法释义认为，电信网络诈骗通常是针对不特定人，即刚开始撒网时对象是不确定的，但锁定目标后进行诈骗时转变为确定的对象。[③] 例如，诈骗分子通过网络随机向一百人发送虚假信息企图诈骗，最终只有一人回应并不幸被骗。在被害人回应、诈骗分子实施后续诈骗行为时，诈骗对象已经由最初随机发送信息时的"不特定"变成了"特定"，犯罪对象由多数人变成了特定的一人，但这并不影响诈骗分子针对"不特定"多数人实施诈骗的认定。[④] 也就是说，电信网络诈骗一开始的诈骗对象是不特定的，存在不特定多数的潜在的、可能的被害人，即符合"针对不特定多数人"的特征。另外，强调诈骗对象是不特定多数人，与电信网络诈骗犯罪的最低入罪标准是相吻合的。若诈骗数额难以查证，犯罪行为人发送虚假信息的数量、拨打电话数等

---

① 陈如超、张雯雯:《电信网络诈骗称谓与概念的演变》，载《中国刑警学院学报》2023 年第 1 期。

② 戴长林:《网络犯罪司法实务研究及相关司法解释理解与适用》，人民法院出版社 2014 年版，第 52—53 页。

③ 王爱立:《中华人民共和国反电信网络诈骗法解读》，中国法制出版社 2022 年版，第 15—25 页。

④ 吴加明:《"电信网络诈骗"的概念界定与立法运用》，载《学海》2021 年第 3 期。

情节严重行为，同样是定罪量刑的考虑因素。[①]

第二节　防范电信网络诈骗的相关知识

一、公民个人信息是如何泄露的

公民个人信息主要包括：姓名、性别、年龄、身份证号码、手机号码及家庭住址等个人基本信息；网银账号、第三方支付账号、社交账号、邮箱账号等账户信息；通讯录、通话记录、短信记录、聊天记录、个人视频、照片等隐私信息；以及设备信息、社会关系信息、网络行为信息等。

进入信息化时代，大众对互联网的依赖性越来越强，当我们在网络上留下痕迹时，同时存在个人信息在我们毫无察觉的情况下被窃取甚至被利用的风险。据统计，超九成的电信网络诈骗是由于个人信息泄露所导致。非法获取公民个人信息是网络犯罪链条中的关键环节。诈骗分子精准掌握个人信息后，能编造出迷惑性极高的诈骗话术，提高诈骗的成功率。

（一）App违规收集个人信息

很多App存在超范围获取权限、非必要采集使用个人信息的问题。实际上，大部分下载到手机的App都能获取用户信息，包括用户注册数据、使用行为数据，如搜索浏览记录，App会记录下来并上传

---

① 参见2011年最高人民法院、最高人民检察院《关于办理诈骗刑事案件具体应用法律若干问题的解释》第5条规定。

到服务器。有些 App 还会把用户信息非法外传，甚至和其他公司交换；或者对数据管理不善，因系统安全级别不够，导致用户数据被黑客盗取、被内部人员盗卖。如 2020 年某快递公司 40 万条用户数据泄露，就是 5 名“内鬼”与外部人员勾结造成的。近年来，工信部已经多次通报此类问题，并且下架了多款知名 App。2021 年，个人信息保护法出台后，法律对个人信息的保护更加严格，要求 App 在采集个人信息方面遵循“知情同意”和“最小必要”两条基本原则。用户在使用 App 时，对 App 要求获取的权限提示一定要认真思考、谨慎允许。

（二）使用黑客技术盗取

用户个人信息被收集后都存在数据库里，数据库是信息保护的关键。但目前国内很多企业在网络安全方面的资金投入不足，信息安全问题凸显。此前发生的 QQ 群、163 邮箱、天涯、万豪、华住等用户数据泄露事件，都和黑客攻击有关。

盗取用户信息通常有三种方式。第一种是盗库。黑客通过入侵 App 后台服务器盗取数据库数据，把用户数据下载到当地，也称为拖库。第二种是撞库。用户为了方便记忆，在很多平台使用相同的密码，而且大多与出生日期、手机号码等相关。黑客利用社工库或者弱口令，不断尝试登录用户账号，最终试出正确的用户名密码，就叫作撞库。因此，用户设置密码应当设置高强度的密码，混合使用字母、数字和符号，增加被撞库的难度。重要账号单独设置密码，并定期修改。第三种是“爬虫”。所谓爬虫工具，就是一段程序编程而成的信息采集器，不知疲倦地在网络上抓取信息。搜索引擎是最早，也是使用最广泛的爬虫工具。但爬虫也被不法分子利用非法收集个人信息，甚至入侵计算机系统。用户的个人信息被爬虫收集，用于非法用途，甚至出售。2020 年 1 月，上海宝山法院审理了一起利用爬虫技术实施诈骗的案件。两名被告人通过爬虫软件获取淘宝新开网店的信息，冒充顾客和客服人员，向店铺发送商铺未激活、交易被关闭等虚假信息，利用淘宝新手店主不熟悉相关规则的弱点实施诈骗，两年内诈骗160万余元。

（三）钓鱼网站收集个人信息

不法分子设立专门收集个人信息的钓鱼网站，通过短信或者互联网将链接、二维码大量群发给用户，诱导用户点击链接、扫描二维码填写姓名、身份证号码、银行卡号、密码、手机号、验证码等信息。朋友圈中风靡一时的一些来源不明的测试小游戏、填信息领奖品、微信清粉、砍价、投票等，往往会先让用户填写自己的相关信息，如姓名、生日、手机号等，目的就是窃取用户信息。比如，疫情期间发布“填写个人信息免费领口罩”等虚假信息页面，诱导用户进行注册或填写个人信息，实则是为了窃取和非法收集用户个人信息。

2022年央视“3·15”晚会上，曾点名曝光“Wi-Fi破解精灵”“雷达Wi-Fi”“越豹Wi-Fi助手”等App。这类免费Wi-Fi的应用程序实际上在后台大量收集用户信息，如“雷达Wi-Fi”这款应用程序，一天之内收集测试手机的位置信息高达67899次。这意味着用户从早到晚，包括睡觉，这些应用程序都在不断定位，用户的住址、工作地点、生活轨迹，甚至是爱好和生活习惯都可能会泄露。

（四）随意丢弃快递单、票据

不少人有随意丢弃快递单、火车票、取款凭条、信用卡对账单等票据的习惯，然而这些票据上往往有姓名、手机号、消费记录等信息，随意丢弃容易造成个人信息泄露。通过这些信息，不法分子基本已经“认识”了我们。通过基本的姓名、家庭住址、公司地址，以及手机号，可以找到用户绑定的微信、支付宝、QQ、微博等社交媒体账号。顺着这些信息还可以了解用户的照片、毕业的学校、喜好、常去的场所等。通过用户购买的物品，可以了解用户的消费习惯和经济能力，还可以推测用户的生活习惯等。因此，尽量不要随意丢弃快递单、票据，丢弃前最好先处理掉单据上的个人信息。

（五）连接存在漏洞风险的 Wi-Fi

公共 Wi-Fi 存在巨大的安全风险，很容易导致个人信息的泄露。在公司、商场、酒店、KTV 等场所活动时，应尽量使用手机的数据流量。Wi-Fi 是由路由器发射出来的无线信号，通过无线功能连接过 Wi-Fi 的设备都能被终端的路由器获取到相关的信息。诈骗分子将“免费 Wi-Fi”设置成诱饵，引诱想要蹭 Wi-Fi 的市民连接，从而窃取其手机里的个人信息，包括网银密码、炒股账户密码、信用卡密码等。

手机默认开启 Wi-Fi，就会不停搜索周围的 Wi-Fi 信号，并尝试连接，还会自动连接不用密码的免费 Wi-Fi，导致手机设备被路由器终端记录下一些重要的信息：手机 IP 地址、设备名称、连接时间、访问记录等。不法分子会根据以上信息，分析出设备的 MAC 地址，接着转换成“IME 号”，最终转换为他们想要的“手机号码”。如果用这些信息跟大数据结合起来，就可以迅速识别出设备使用者的家庭地址、身份证号码、搜索记录、消费记录等隐私信息。若是在这个过程中，还输入了密码、付款等敏感操作，那么极有可能会造成财物损失。

（六）轻易发布和透露个人信息

用户在社交平台发布日常动态，也可能不小心泄露自己的个人信息，如通过晒生活照泄露本人及亲属的外貌信息，晒车票、护照等泄露身份信息，使用“所在位置”功能泄露位置信息等。因此要尽量避免在社交平台“说得太多”。[①]

二、什么是暗网

如果对网络空间进行分层，可以按照访问的自由限度分为表网、深网及暗网三层。暗网是指利用加密传输、P2P 对等网络、多点中继混淆等，为用户提供匿名访问的隐藏网络。其加密性和匿名性特征决定了它不被互联网标准搜索引擎收录、查询，并能保护所有通信用户的 IP 地址、通信内容、通信过程免受监视和流量分析。因此，普通网民无法通过常规手段搜索、访问，需要使用一些特定的软件、配置或者授权才能登录。

暗网利用 Tor 软件服务将用户的 IP 地址模糊化以逃避流量分析，使用加密数字货币支付系统与 Tumbler 技术处理非法交易，采取 PGP 软件加密信息以保证用户匿名性，隐藏犯罪人活动，以上技术支撑是网络犯罪由表网向暗网转型的关键。

当前所发现的暗网虽只占互联网的 0.1%，但由于暗网为用户提供的匿名、匿踪保护，使其成为网络犯罪人在数字信息世界中的“避风港”，暗网中充满了创建者和使用者故意隐藏的内容，存在大量的非法和反社会信息，也容易滋生以网络为工具的各类违法犯罪，如贩卖毒品，传播色情、恐怖信息，贩卖个人信息等。

公民个人信息和重要数据是当前暗网黑市交易的主要“商品”之一。当前，组成电信网络诈骗犯罪链条的上游犯罪团伙，主要涉及为电信网络诈骗集团实施“精准诈骗”提供公民个人信息、企业信息，为被骗资金的转移提供银行卡“人头”账户的从事黑灰产业的人员。他们将暗网作为打包售卖和转卖信息的重要“集散地”，为电信网络

① 先锋：《电信网络诈骗防范手册》，中国法制出版社 2023 年版，第 36—40 页。

诈骗犯罪提供信息支撑。[①]

三、什么是网络黑灰产

网络黑灰产，通常指的是在网络空间中，以谋取不正当利益为目的，以网络技术为主要手段，以互联网和计算机技术为工具和媒介，有组织地实施或帮助实施违法犯罪活动过程中形成的规模化、链条化的产业，从中牟利的非法产业体系。其中，“黑产”指的是直接触犯国家法律的网络犯罪，“灰产”则是游走在法律的边缘，往往为“黑产”提供辅助的行为。网络黑灰产，具体指散发的或系统性发生的基于互联网、移动互联网的不良行为，如删帖、黑粉、人肉搜索、网骂、网络攻击、网络诈骗、刷单、洗白、窃听、监控、涨粉、炒作等，这些行为往往游离于公序良俗、道德、法治之外，以不正当、违法犯罪的手段侵害人民群众的合法权益，损害社会的安定与和谐。

当前，电信网络诈骗已经形成了一整套黑灰色产业链，上中下游各环节组织清晰、分工明确，呈现跨地域、跨行业、跨网络作案的明显特点。电信网络诈骗黑灰产业链大致分为上游、中游、下游、收网四个部分。[②]

在上游环节，作为信息提供者，负责收集提供各种信息资源，为相关犯罪提供或者准备工具，包括非法倒卖公民个人信息的料商、非法提供各类网络账号的号商、非法提供电话卡或银行卡的卡商等。

在中游环节，作为技术支持者，负责研发诈骗软件工具，以批量自动化的方式利用各类非法资源实施网络违法犯罪活动，包括非法通信设备生产制造商、诈骗网站搭建者、诈骗 App 开发者等技术人员。

---

① 谢玲：《暗网犯罪刑事治理研究》，载《学术论坛》2020 年第 5 期。

② 《2022 年电信网络诈骗态势分析报告》，载中国移动微博 2023 年 3 月 23 日。

在下游环节，作为诈骗实施者，针对上 / 下游的行为结果实施赌博、诈骗、洗钱等相关传统犯罪，包括引流人员、诈骗团伙话务人员、专业诈骗剧本编写人员等。

在收网完成环节，作为洗钱服务者，将各种非法所得合法化，涉及众多非法网络交易和支付渠道，包括使用跑分平台、POS 刷机、对公账户汇兑、虚拟货币等进行洗钱的人员。

每一诈骗团伙对应若干网络黑灰产；每一网络黑灰产，又对应若干犯罪团伙，整个犯罪链条纵横交错、错综复杂。诈骗团伙与其关联的黑灰产之间的关系既松散又紧密。一方面，犯罪链条上的各个环节只通过互联网联系和交易，犯罪分子之间互不认识；另一方面，成员之间基于共同利益相互配合，信任度高。[①] 根据艾瑞咨询 2020 年发布的《现代网络诈骗分析报告》，全国黑产从业者已经超过 40 万人，依托其进行网络诈骗的行业人数至少有 160 万人，“年产值”在 1000 亿元以上。庞大的网络黑灰产，为电信网络诈骗犯罪提供了强大的支撑。

四、电信网络诈骗的上下游关联犯罪

广义上的电信网络诈骗还包括与之相关联的上游、下游犯罪，如帮助信息网络犯罪活动罪，侵犯公民个人信息罪，洗钱罪，掩饰、隐瞒犯罪所得、犯罪所得收益罪等。

（一）帮助信息网络犯罪活动罪

帮助信息网络犯罪活动罪（以下简称帮信罪）是 2015 年 11 月起施行的《刑法修正案（九）》的新增罪名，主要指行为人明知他人利用信息网络实施犯罪，为其犯罪提供互联网接入、服务器托管、网络

---

① 林慧青、邓志源：《电信网络诈骗犯罪治理困境与回应——以〈反电信网络诈骗法〉为视角》，载《中国刑警学院学报》2022 年第 5 期。

存储、通信传输等技术支持，或者提供广告推广、支付结算等帮助的犯罪行为，是电信网络犯罪的重要“帮凶”。

近年来，特别是2020年10月“断卡”行动以来，检察机关起诉涉嫌帮信犯罪案件上涨较快，目前已成为各类刑事犯罪中起诉人数排名靠前的罪名。帮信罪的适用范围很广，最常见的是将银行卡、手机卡、社交平台账号卖给或者租给电信网络诈骗团伙使用，帮助电信网络诈骗团伙“洗钱”（包括取钱和转钱），帮助电信网络诈骗团伙打广告引流等。此外，帮助电信网络诈骗团伙开发网站、制作App、维护网络、解绑账号等也可能构成帮信罪。其中，非法买卖“两卡”尤其是银行卡，为上游犯罪提供转移支付、套现、取现的工具，占帮信罪起诉总数的80%以上。

为什么出售银行卡成了最常见的帮信罪？因为犯罪分子收到赃款时为了确保安全，需要借助大量的他人银行卡进行“跑分”洗钱，把钱洗白了再转到自己账户。而“跑分”洗钱，是指利用银行卡、支付账户帮助诈骗犯罪团伙掩饰、隐瞒、转化资金，使其在形式上合法化的一种犯罪行为。如通过网购、转账等方式，把赃款迅速分流到多个二级银行卡里，再从二级卡分流到多个三级卡，把一笔赃款稀释成无数笔“正常的资金”。为了诱骗他人帮助“跑分”洗钱，犯罪分子通常会将其谎称为“过账”“兼职”，使一些不明就里的人无意间成为犯罪分子的帮凶。

除了出售银行卡，还有一个常见的帮信罪形式是帮助犯罪分子拉微信群。犯罪分子以介绍“好工作”、能获得可观的提成为由头，诱导他人帮忙把人拉进微信“理财”群。尽管没有参与诈骗，但拉人的行为给电信网络诈骗提供了帮助，也可能构成帮信罪。

《刑法》第287条之二规定，帮助信息网络犯罪活动罪，情节严重的，处三年以下有期徒刑或者拘役，并处或者单处罚金。

（二）掩饰、隐瞒犯罪所得、犯罪所得收益罪

掩饰、隐瞒犯罪所得、犯罪所得收益罪，是指行为人明知是犯罪所得及其产生的收益而予以窝藏、转移、收购、代为销售或者以其他方法掩饰、隐瞒的行为，处三年以下有期徒刑、拘役或者管制，并处或者单处罚金；情节严重的，处三年以上七年以下有期徒刑，并处罚金。

就“两卡”案件而言，司法实务中已达成共识：明知他人实施电信网络诈骗犯罪，与之事前通谋，参加诈骗团伙或者与诈骗团伙之间形成较为稳定的配合关系，长期为其提供银行卡或者转账取现，甚至参与利益分成，可以诈骗罪共犯论处。而在其他情形之下，则应当适用帮信罪。

那么，如何区分帮信罪与掩饰、隐瞒犯罪所得罪？在帮信罪的竞合处断中，对于法益侵害程度相对有限的帮助行为，以共犯论处或者适用掩饰、隐瞒犯罪所得罪等其他罪名，由于现行定罪量刑标准的缘故，可能会导致入罪范围过大或者处罚过重。

《刑法》第287条之二对帮信罪的罪状描述明确包括“支付结算”。对于行为人向他人出售、出租银行卡后，在明知是犯罪所得及其收益的情况下，又代为转账、套现、取现等，或者为配合他人转账、套现、取现提供刷脸等验证服务的，并非一律径直适用掩饰、隐瞒犯罪所得罪，而宜基于罪刑均衡作进一步考量，即对于适用帮信罪可罚当其罪的行为，亦可以考虑适用帮信罪。①

---

① 参见《涉非典型“两卡”案如何实现罚当其罪》，载微信公众号“最高人民检察院”2023年2月18日。

（三）侵犯公民个人信息罪

侵犯公民个人信息罪被称为网络犯罪的“百罪之源”，是指向他人出售或者提供公民个人信息，情节严重的行为，或者是将在履行职责或者提供服务过程中获得的公民个人信息，出售或者提供给他人的行为。公民个人信息已经成为电信网络诈骗犯罪的“基本物料”，犯罪分子或是通过非法获取的公民个人信息注册手机卡、银行卡，以此作为诈骗犯罪的基础工具；或是利用这些信息对诈骗对象进行“画像”，实施精准诈骗。

侵犯公民个人信息犯罪主要有信息获取、信息倒卖、下游犯罪等三大环节。[①]

在信息获取环节，犯罪分子通过黑客技术、行业内部人员、App非法采集、骗取或收买等方式，非法获取互联网上即时通讯、电子邮箱等应用软件传输的个人信息，政务、商务、社交等网络平台存储的个人信息，行业内部信息系统收集的个人信息和公民持有的个人信息。

在信息倒卖环节，非法获取的公民个人信息会流转到信息买卖中间商手中。他们有的打着行业信息交流的旗号组建即时通讯群组，自称为“查档”中介，根据客户需求倒卖公民个人信息；有的在互联网上搭建售号平台，倒卖微信、QQ、微博、小红书、抖音等各类网络账号，通过低买高卖赚取差价。

在下游犯罪环节，即非法获取信息的最终用途。一方面是为网络水军、网络洗钱等犯罪活动提供银行卡、虚拟身份等物料支撑；另一方面是为电信网络诈骗、敲诈勒索等提供精准靶心。

---

① 《公安部通报公安机关打击整治侵犯公民个人信息违法犯罪行为举措成效公布十起典型案例》，载国务院新闻办公室官网，http：//www.scio.gov.cn/xwfb/bwxwfb/gbwfbh/gab/202308/t20230811_ 750131.html。

五、电信网络诈骗的“黑化技术”

信息科技不断更新的同时，不少技术被犯罪分子用来“黑化”谋财，并试图以此逃避打击。近年来，诸如 GOIP（GSM Over Internet Protocol，虚拟拨号设备）、多卡宝、语音包、“嗅探”设备等，已成为犯罪分子用于电信网络诈骗的主要“黑化技术”。

（一）备受电信网络诈骗者“宠爱”的 GOIP 设备

GOIP 是一种虚拟拨号设备，支持手机卡接入，能将传统电话信号转换为网络信号，以实现虚拟拨号功能。一台 GOIP 设备可以插入 128 张手机卡，可以远程控制手机卡拨打电话，犯罪分子可以远程遥控千里之外的手机 SIM 卡进行短信收发、拨打电话；还可通过虚拟拨号方式随意切换手机号码，肆意冒充机主亲戚、朋友、领导等身份，或者冒充公安、法院、税务、银行等单位工作人员，以诱骗受害人。GOIP 设备经操控下的远程控制、卡机分离、群发群传等功能，在很大程度上也增加了侦查机关对其进行信号溯源和反制拦截的难度。

（二）电信网络诈骗中转平台的“多卡宝”技术

“多卡宝”技术，又被称为“猫池”，其本质是一种多卡多待设备。这一技术的最初研发，本是为了便于消费者使用。譬如，对于拥有数张手机 SIM 卡，且经常往返于国内外的商务人士，可利用“多卡宝”技术在国外使用国内的手机号码。这不仅可以避免用户携带多部手机的不便，还可保障通话信息的质量。不过，这一技术自问世后，就被犯罪分子所利用，进而“黑化”为境外电信网络诈骗者与国内进行通信的中转平台。该“黑化技术”在使用时，需要事先将多张手机卡插入“多卡宝”中，并与路由器相连。只需一根网线，“多卡宝”就可以同时遥控 256 张手机 SIM 卡。仅仅需要一个拉杆箱大小的空间，

"多卡宝"设备即能在国内为境外电信网络诈骗团伙搭建起一个可随时移动的"便携式通信转接机房"。身处境外的电信网络诈骗者通过远程遥控国内同伙搭建好的"猫池"，可将通话号码伪装成境内本地号码，并实施相应诈骗活动。经过"多卡宝"技术的中转，电信网络诈骗者的犯罪成本降低了（不需要额外的漫游费用），其行为也更加具有欺骗性和隐蔽性。此外，由于人与手机SIM卡的分离，犯罪人往往躲藏于境外，也增加了执法部门对其打击的难度。

（三）从"变声器"到"语音包"的升级

早前有些电信网络诈骗者会使用带有模拟女声功能的变声器来诱骗受害人使其上当，但如果仔细分辨仍能发现是利用变声器来模拟异性声音的。经过信息技术的发展，当前电信网络诈骗者的犯罪手段有所升级，从原有的变声器进化为使用语音包应用软件。相较于变声器，语音包的女声还原程度要高得多。用户将难以想象网络对面有着温柔悦耳声音的背后，或许是一名"抠脚大汉"在进行操作。

（四）让钱财不翼而飞的"嗅探"盗刷技术

在不少电信网络诈骗案例中，受害人都是一觉醒来突然发现自己手机银行中的资金被一笔笔刷走。明明手机就放在身边，资金却仍被盗刷。这是因为诈骗分子使用了"嗅探"盗刷技术。当用户的手机网络突然降格，并随之收到密集而来的平台验证码短信，此时用户很可能已被"嗅探"盗刷技术盯上。

"嗅探"设备主要由笔记本电脑、手机主板、启动优盘和控制软件等几部分组成。犯罪分子在利用这一"黑化技术"从事不法活动时，甚至全程无须物理接触受害人的手机。为了降低受害人的警觉性，犯罪分子往往选择凌晨作案。其先通过技术设备自动搜索周边的手机号码，并用之进行网站登录和应用。利用"嗅探"技术的介入，犯罪人员可以秘密截取用户手机短信验证码，再利用技术漏洞和缺陷，绑定受害人的银行卡进行资金盗刷和套现。由于短信“嗅探”技术需要在2G网络条件下方能实现，因此犯罪分子首先会通过其设备的射频干扰装置，提高2G信号功率，使受害人的手机从当前使用的4G或5G网络被动降为2G网络运行。2G网络通信模式下，因手机无法对基站作出鉴别，这就使得犯罪分子的“假基站”能够与受害人手机之间进行连接和通信。

第三节　电信网络诈骗犯罪的成因分析

电信网络诈骗危害已久，并在社会、经济和技术发展等多重因素的影响下愈演愈烈，作案手法不断花样翻新、涉案金额越来越巨大、影响范围越来越广泛，其社会危害性日趋严重。深入剖析电信网络诈骗犯罪高发的成因，有助于对症下药，及早切除这颗社会毒瘤。

一、低成本高暴利的利益驱使

实施电信网络诈骗无须投入高成本，但其非法收益却是巨大的，甚至用“一本万利”来形容也不为过。一方面，犯罪的金钱成本低。实施电信网络诈骗所负担的金钱成本主要用于购买黑灰产业链上不同环节的基础服务、租赁诈骗窝点等，十分便捷且价格低廉；另一方面，犯罪风险成本低。非接触性、远程性特征给案件的侦破带来重重困难，大大降低了诈骗分子受法律制裁的风险，使其更加有恃无恐。我国刑法没有将电信网络诈骗从普通诈骗罪中分离出来（如合同诈骗、金融诈骗）加以特别规定，也没有配置更高的法定刑。电信网络诈骗的高暴利却是显而易见的，诈骗金额动辄上万元，有些甚至达数百万元，成为一些幻想不劳而获的人追捧的“致富捷径”。如“8·25”特大跨境电信网络诈骗案中，犯罪嫌疑人共有41人，向30余万人拨打过诈骗电话，最高的单笔诈骗金额达959万余元。[①] 据犯罪嫌疑人交代，每发送1000条虚假信息，通常会有1—2人受骗，“收益”可观。犯罪团伙中负责取款的“车手”，每提取一笔钱就可以得到取款金额3%—8%的“提成”，剩余的绝大部分赃款被团伙骨干成员瓜分。在“低成本、高暴利”的巨大利益驱使下，发案量持续不断攀升。[②]

二、重点行业监管不到位

（一）网络监管制度不够完善

随着网络技术的飞速发展，我国相关的网络监管制度还不够完善。一些网络监管部门没有尽职尽责，网络监管力度不够，相应的防范措施没有及时跟进。如一些提供即时通信服务的聊天软件，在普及用户的同时，防御技术不能及时跟上，以致犯罪分子经常利用盗号等手段实施网络诈骗；有些网站、论坛准入门槛低，没有严格执行真实身份制度，导致论坛、网站等欺诈广告泛滥。[③]

---

① 马忠红：《论网络犯罪案件中的抽样取证——以电信诈骗犯罪为切入点》，载《中国人民公安大学学报（社会科学版）》2018年第6期。

② 李川、刘双阳：《“互联网+”背景下电信诈骗犯罪防控机制研究》，载孙勤、吴言年主编：《现代社会与犯罪治理：经济犯罪专题研讨——中国犯罪学学会第三十届学术研讨论文集（2021年）》，中国检察出版社2021年版，第245—250页。

③ 隋莉莉：《电信网络诈骗犯罪的成因及防治对策》，载孙勤、吴言年主编：《现代社会与犯罪治理：经济犯罪专题研讨——中国犯罪学学会第三十届学术研讨论文集（2021年）》，中国检察出版社2021年版，第237—241页。

（二）电信金融部门监管存在漏洞

按照工信部的规定，电信企业销售手机卡时，必须核验用户真实身份信息，进行实名制登记。但市面上仍有“免实名认证”手机卡销售，如 170、171 号段，该号段的服务平台为虚拟运营商，通过租用实体运营商的网络提供电信服务，没有严格落实实名认证制度。对 VOIP 网络电话业务以及短信群发器、改号软件等经营行为监管不到位，诈骗分子利用这个漏洞，便可以轻而易举地购买到实施诈骗的重要作案工具。

银行等金融机构对申办银行卡的用户身份信息审核以及发卡把关不严，对账户资金异常流动的监管不到位，给诈骗分子留下可乘之机。在大多数电信网络诈骗案件中，诈骗分子往往将骗到的钱款迅速拆分转移，而银行卡是主要的转账工具。为了规避 ATM 机对单日取款的金额限制，以及规避大额现金流被系统自动锁定，诈骗分子必须要使用多张银行卡来拆分转移赃款。在破获电信网络诈骗案时常常会查获到大量银行卡，这些银行卡大多是冒用他人身份证明骗领的，或者诈骗分子租用、购买的。

三、公民个人信息遭非法泄露严重

“量身定制”的“精准诈骗”大量涌现，暴露了公民个人信息保护的不足。2021 年中央电视台“3 · 15”晚会关注了一些网络招聘平台对求职者个人简历安全管理上的严重漏洞，不法分子伪造营业执照可以轻松通过平台审核，获取企业账户，从而随意下载求职者的个人简历，转而出售求职者的个人信息。公民个人信息被他人非法获取、出售、提供给犯罪分子等乱象屡见不鲜。诈骗分子非法获取公民个人信息后，制定针对性极强的个性化诈骗方案，极大提升了诈骗信息的可信度，使受害人更容易落入诈骗分子挖空心思设计的骗局。例如，山东临沂徐某玉被某大学录取，诈骗分子正是利用非法获取的高考考生信息，得知徐某玉正在申领助学金，遂以发放助学金的名义顺利骗取徐某玉一家省吃俭用攒下的9900元学费。

四、被害人安全防范意识薄弱

诈骗分子之所以能屡屡得手，与被害人的安全防范意识薄弱不无关系。一些被害人存在投机取巧、贪小便宜等心理，是诈骗分子能够得逞的重要外部条件，一些人看到有利可图，就容易放松警惕。如虚假中奖、虚假投资等利诱式电信网络诈骗，正是诈骗分子利用了被害人的贪财心理，投其所好。而在冒充身份诈骗中，被害人没有认真核实相关人员身份信息，并对手机银行、网银等新型金融支付工具缺乏安全使用常识，不了解遇到异常情况时的正确处理措施，使诈骗分子有机可乘。

电信网络诈骗犯罪案件中不乏具有高学历的被害人，他们对自己的防骗能力过于自信，认为诈骗分子的伎俩逃不过自己的“火眼金睛”，结果在“自信”中陷入诈骗分子的圈套，被骗得倾箱倒箧。有的甚至为了不丢面子，在犯罪发生后不报案或者不肯配合侦查机关的调查取证。

第二章

办理电信网络诈骗案件指引

第一节　电信网络诈骗犯罪的认定

我国现行刑法以简单罪状的形式表明诈骗公私财物的行为属于诈骗罪。对其进行叙明，诈骗罪指的是犯罪嫌疑人以非法占有为目的，使用欺骗方法，令被害人陷入认识错误，并导致被害人基于认识错误处分财产，使行为人或第三人获得财产、被害人遭受财产损失的行为。随着信息时代的发展，利用手机、互联网等电子通讯工具和技术手段实施的电信网络诈骗犯罪活动频发，该类犯罪的社会危害性明显超过一般诈骗，准确把握电信网络诈骗的犯罪构成，以及将电信网络诈骗与一般诈骗相区分，具有现实的司法实践意义。值得一提的是，电信网络诈骗并非独立的罪名，而只是时代发展的背景下实施诈骗的一种新形式。在对电信网络诈骗犯罪的认定过程中，仍然需要在诈骗罪的框架下进行。

一、诈骗罪的犯罪构成

犯罪构成体系是对一个行为是否构成犯罪的定性标准和底层逻辑。司法实践中有不同的体系理论。一是借鉴苏联传统理论的“四要件”体系，即从犯罪客体、犯罪客观方面、犯罪主体、犯罪主观方面四个维度对行为进行评价，若一个行为同时符合上述四个要件，则该行为构成犯罪。二是借鉴大陆法系理论的“三阶层”体系，一个行为需要依次通过要件该当性、违法性、有责性三个阶层进行评价，即在该行为符合犯罪构成要件的前提下，进而分析违法性及有责性，递进式分析是否构成犯罪。

（一）四要件体系下的犯罪构成

1. 犯罪客体

诈骗罪侵犯的客体是公私财物的所有权。这个公私财物既包括有体物，也包括如网络虚拟财产等无体物；既包括合法持有的财物，也包括如毒品等禁止持有的违禁物；既包括具体的财产，也包括如债权等财产性权利。

2. 犯罪客观方面

一是行为人实施了虚构事实、隐瞒真相等行为。这个行为可以表现为积极的作为，即直接的虚构事实，也可以是消极的不作为，即加深或利用他人原本的错误认识。从形式上说，欺骗行为包括两类：虚构事实和隐瞒真相。

二是被害人因为行为人实施的虚构事实、隐瞒真相等行为而陷入认识错误。[①] 如刘某峰等37人诈骗案[②]，刘某峰指使杨某明等员工冒充年轻女性，诱骗被害人向游戏账号以明显超过正常使用范围的数额充值，甚至索要钱款。从被害人的角度来看，其认知的对方是“女性”，往往具有奔现交友的目的，然而实为男性，被害人正是基于这个错误认识而愿意充值消费，犯罪嫌疑人从中非法获益，显然属于虚构事实使被害人陷入认识错误，故被害人产生的认识错误必须是与行为人实施的虚构事实行为存在因果关系，若行为人虚构的内容不足以让被害人错误地进行判断或决策，则不宜认定被害人陷入了认识错误。

三是被害人基于认识错误而处分财产。处分财物是指被害人将自

---

① 《跨境电信网络诈骗案取证策略与证据体系构建》，载《检察日报》2022 年 1 月 29 日，第 3 版。

② 参见《检察机关打击治理电信网络诈骗及关联犯罪典型案例》案例四，载最高人民检察院官网，https：// www.spp.gov.cn/xwfbh/dxal/202204/t20220421_554693.shtml。

己占有的财物处分给对方占有。该构成要素有两点需要进行认定。其一，被害人必须是因为认识错误而进行的财产处分。其二，被害人既要有处分财产的客观事实，也必须具备处分财产的主观意识。

四是行为人或第三人取得财物。诈骗是典型的财产犯罪，要求一方财产权益受到损害，另一方因此获益。在此基础上，受到损害的对象限定为被害人毋庸置疑，但获益一方并未限定为行为人。行为人可以通过诈骗行为为特定第三人占有被害人的财产。如果行为人的行为没有为特定人获取利益的主观意图，其行为不构成诈骗罪，而可能构成其他犯罪。

3. 犯罪主体

一般主体，即年满十六周岁具有刑事责任能力的自然人。单位不能成为诈骗罪的犯罪主体，即使是为了单位或者单位内大多数人的利益而实施诈骗行为，也只是追究实施诈骗行为的自然人的法律责任。

4. 犯罪主观方面

诈骗罪的主观方面应为故意，其中包含直接故意和间接故意。同时，诈骗罪的构成应当具有通过不法途径将他人财物归属自己占有并支配的非法占有的目的。且依据主客观相一致原则，其产生非法目的的时间应当是合法占有财物之前。若其先基于合法的手段取得财物，而后产生的非法占有目的，则认定其构成侵占罪为宜。

（二）三阶层体系下的犯罪构成

1. 该当性

该当性，即犯罪必须符合刑法条文及其他刑法法规所规定的某种构成要件行为。该当性是三阶层体系的基石，若一个行为不具备犯罪构成要件该当性，那么无须再对后续的违法性和有责性进行评价。要件该当性系由罪刑法定原则推导出的对行为实施的筛选，其作为下一阶层违法性的推定事由，是判断罪与非罪首先要进行的工作。从逻辑上说，事实判断作为价值评判的载体，是价值评判的必要条件。价值评判不能脱离事实判断而独立存在，故依据刑法明文规定总结归纳出诈骗罪的表现形式，是对个案是否构成诈骗罪的重中之重。但诈骗罪罪名系简单罪状，而依据通说，诈骗罪的行为结构为：（1）行为人实施了欺骗行为；（2）对方产生或维持错误认识；（3）对方基于认识错误处分财物；（4）行为人或第三人取得财物；（5）被害人遭受财产损失。

2. 违法性

违法性，即行为违反法律规定，为法律所禁止的、不允许的。如果一个行为具备构成要件该当性，那么这个行为也就初步具备了违法性，这是由于立法过程中的明文规定条款已经包含了对犯罪行为否定评价的价值判断。然而是否具备违法性，需要进行实质判断，即法益的实际侵害性。在案件办理过程中，通常需要关注违法性的实质特征，将考察重点放在违法阻却事由上。从法律规定上看，违法阻却事由包含正当防卫、紧急避险，而理论上，违法阻却事由还包括法令行为、正当业务行为、被害人承诺、推定承诺、假定承诺、自救行为、自损行为、被害人自陷风险、义务冲突等。如果存在违法阻却事由，如行为人的行为在具备要件该当性的前提下，也同时满足违法阻却事由的成立条件，那就意味着该行为并不具备实质性的违法性，不能对该行为作出否定评价，不认定为犯罪行为。

3. 有责性

有责性，即能够就符合构成要件的违法行为对行为人进行非难、谴责。三阶层体系以不法与责任作为基本架构，该当性与违法性共同构成了不法要件。不法要件相较于责任要件具有一定的独立性，而责任要件相较于不法要件则存在一定的依附性。不法要件系解决该行为的事实判断和价值评价的问题，责任要件则是对行为人作出谴责。值得一提的是，“责任要件”中的“责任”是指可谴责性，而“刑事责任”中的“责任”指的是承担刑法中规定的法律后果，二者并不等同。在判断犯罪时，一个人制造了违法事实（包含形式上的要件该当和实质上的违法），并且这个人具有可谴责性，那么这个人应当承担刑事责任。我们在对一个案件进行有责性判断的时候，重点关注是否存在责任阻却事由，即法律规定中的责任年龄（诈骗罪的刑事责任年龄需年满十六周岁）、责任能力（如行为人精神是否正常）以及刑法理论中涉及的违法性认识可能性（行为人有没有可能知道行为在法律上是被禁止的）以及是否具有期待可能性（在行为时有可能期待行为人不实施违法行为，而实施其他合法行为）等，若无法认定该行为具有有责性，则不能认定为犯罪。

在三阶层构成体系中，该当性、违法性、有责性相互关联作为判断犯罪的综合评价体系，只有同时具备才能认定该行为属于犯罪行为。

二、电信网络诈骗与一般诈骗的区别

虽然电信网络诈骗只是诈骗的一种形式和手段，但是如上所述，对电信网络诈骗犯罪的打击力度较为严厉，因此我们仍然需要对其加以区分，以便准确量刑，切实打击犯罪，保护人民生命财产安全。

关于电信网络诈骗的定义，《检察机关办理电信网络诈骗案件指引》规定：“利用电话、短信、互联网等电信网络技术手段，虚构事实，设置骗局，实施远程、非接触式诈骗”。《关于办理电信网络诈骗等刑事案件适用法律若干问题的意见》中将电信网络诈骗的犯罪构成表述为“利用通讯工具、互联网等技术手段实施的电信网络诈骗”。综合上述意见，我们抽象出共同点可知，对进行电信网络诈骗的认定过程中，在符合诈骗罪的四要件基础上，仍需考虑以下三点要素：

一是利用通讯工具、互联网等技术手段实施诈骗行为。利用通讯技术手段实行诈骗是电信网络诈骗外显的典型特征。但是随着时代和科技的进步，一般的诈骗行为也会利用通讯技术手段。因此在认定电信网络诈骗的过程中并不能仅基于行为人使用了通讯工具或者互联网技术即作出简单的结论。

二是表现形式为远程、非接触式。从外观上看，这是电信网络诈骗与一般诈骗的典型区分，也是对第一点要素的补强。如前所述，一般诈骗可能伴随着“线上＋线下”相结合的形式。虽然使用电信通讯技术但被害人是基于接触被骗的，仍然属于一般诈骗。

三是被害对象范围更广，社会危害性更大。电信诈骗通常表现为向不特定人群设置骗局，主要体现在犯罪对象的广泛性。如在网络上投放虚假广告，设置统一的剧本利用非法获取到的大批量公民个人信息进行精准诈骗等，都容易导致大规模被害人同时被骗，产生群体性案件，影响社会的安定。

三、电信网络诈骗共同犯罪认定中的几个问题

（一）犯罪集团组织内部成员固定的认定问题

共同犯罪可分为一般共同犯罪和集团共同犯罪。一般共同犯罪，是指二人以上共同故意犯罪；集团共同犯罪，是指三人以上有组织地实施共同犯罪，集团内部人员组成较为固定。电信网络诈骗共同犯罪也存在以上形式的共犯，其中电信网络诈骗犯罪集团，其内部结构相对完整，组织较严密复杂，人员相对固定，进行有组织的犯罪活动。一般会集中配备作案手机、电脑，统一发放被害人信息、银行卡信息、诈骗话术、诈骗流程等，常常分组配合进行诈骗行为。值得注意的是，诈骗组织一线人员的频繁流动更迭不代表诈骗组织不具有人员固定的特点，即犯罪集团不能要求所有成员均稳定，犯罪集团的组

织机构较为复杂，成员包括核心成员和外围成员等，对于犯罪集团而言，只要核心成员固定，分工明确就可实现组织的固定。如张某祥等人诈骗案[①]，张某祥、刘某廷、张某维等人，为实施电信网络诈骗犯罪而组成较为固定的犯罪组织，且该犯罪组织核心成员稳定，分工严密，实行公司化管理，有明显且相对固定的人员负责电信网络诈骗窝点的组建、人员召集、培训、管理、赃款分配等，符合犯罪集团的认定条件，应当认定为犯罪集团。部分在犯罪集团中从事一线诈骗行为的被告人，虽然具有一定流动性，但其犯罪地位、作用、分工均固定且明确，不影响诈骗犯罪集团的认定。

（二）共同犯罪的认定问题

电信网络诈骗共同犯罪的认定遵循共犯认定的基本要求，行为人应具有共同犯意，并实施了共同犯罪行为。涉及对行为人主观诈骗故意的认定及客观诈骗行为的判断。共同犯罪中犯罪集团的组织者、首要分子及一般共犯中的主犯，其主观明知诈骗明显，其他参与者的主观明知认定相对复杂。最高人民法院、最高人民检察院、公安部《关于办理电信网络诈骗等刑事案件适用法律若干问题的意见》规定，明知他人实施电信网络诈骗犯罪的认定，应当结合被告人的认知能力，既往经历，行为次数和手段，与他人关系，获利情况，是否曾因电信网络诈骗受过处罚，是否故意规避调查等主客观因素进行综合分析认定。比如，外围负责引流人员可通过其聊天内容、作案次数、获得报酬情况等判断，提供银行卡取款人员可通过获利情况、银行卡流水是否异常，是否有短信提醒等综合判断其主观明知。如罗某杰诈骗案[②]

---

① （2018）京刑终22号。

② 参见《检察机关打击治理电信网络诈骗及关联犯罪典型案例》案例六，载最高人民检察院官网，https：// www.spp.gov.cn/xwfbh/dxal/202204/t20220421_554693.shtml。

中，罗某杰协助诈骗分子转移诈骗款项，而检察机关以掩饰、隐瞒犯罪所得罪提起公诉，后开展自行侦查，收集行为人与境外犯罪分子联络、帮助转移资金数额、次数、频率等方面的证据，对于行为人长期帮助诈骗团伙转账、套现、取现，或者提供专门资金转移通道，形成较为稳定的协作关系，补充收集了罗某杰与诈骗分子事前联络、在犯罪团伙中专门负责跨境转移资金的证据，最终变更起诉罪名为诈骗罪。

（三）共同犯罪客观行为的认定问题

《关于办理电信网络诈骗等刑事案件适用法律若干问题的意见》同时规定了明知他人实施电信网络诈骗犯罪，具有下列情形之一的，以共同犯罪论处，但法律和司法解释另有规定的除外:（1）提供信用卡、资金支付结算账户、手机卡、通讯工具的;（2）非法获取、出售、提供公民个人信息的;（3）制作、销售、提供“木马”程序和“钓鱼软件”等恶意程序的;（4）提供“伪基站”设备或相关服务的;（5）提供互联网接入、服务器托管、网络存储、通讯传输等技术支持，或者提供支付结算等帮助的;（6）在提供改号软件、通话线路等技术服务时，发现主叫号码被修改为国内党政机关、司法机关、公共服务部门号码，或者境外用户改为境内号码，仍提供服务的;（7）提供资金、场所、交通、生活保障等帮助的;（8）帮助转移诈骗犯罪所得及其产生的收益，套现、取现的。负责招募他人实施电信网络诈骗犯罪活动，或者制作、提供诈骗方案、术语清单、语音包、信息等的，以诈骗共同犯罪论处。可见，诈骗共犯的客观行为除针对被害人的直接诈骗行为外，还包括了提供作案工具，技术支持，赃款转移，服务保障等方面，对客观行为的判断可以参照上述规定，从行为是否积极促进诈骗犯罪的推进来判断是否属于共同行为。如李某等人诈骗、侵犯个人信息、掩饰、隐瞒犯罪所得案[①]，其中陈某甲、张某明知李某帮助诈骗团伙做网络贷款推广，仍按照李某安排增加“AI”语音智能机器人，在线运行3000余台专门为“境外客户”服务，并管理境外诈骗团伙60余个微信群和50余个QQ群。张某、陈某甲被法院认定构成诈骗罪，判处有期徒刑六年至三年不等，并处罚金，对明知是诈骗犯罪，相对稳定为诈骗团伙提供技术支持或特定帮助行为，已成为诈骗链条上固定环节的，以诈骗罪共犯追责。对打着“技术中立”幌子为犯罪团伙开发软件或提供其他技术支持的，应当依法严惩，符合诈骗罪构成的，依法以诈骗罪共犯论处。

四、关联犯罪之间的区分

（一）帮助信息网络犯罪活动罪与掩饰、隐瞒犯罪所得、犯罪所得收益罪的区分

一是明知的内容不同。帮助信息网络犯罪活动罪的主观方面是行为人需要明知他人利用信息网络实施犯罪，明知的内容是他人实施了网络犯罪，但对他人的具体犯罪内容并不知情；但是掩饰、隐瞒犯罪所得、犯罪所得收益罪的主观方面是行为人需要明知的是犯罪所得及其产生的收益，且对于资金的具体性质以及销赃的金额是明确知道的。如张某等3人诈骗案、戴某等3人掩饰、隐瞒犯罪所得案[②]中，戴某等人并未事先共谋，检察机关结合戴某等人利用银行卡和二维码实施收取、转移赃款的客观行为，同时依据戴某等人实施转账行为的

---

① 参见《检察机关依法惩治电信网络诈骗及其关联犯罪典型案例》案例六，载最高人民检察院官网，https://www.spp.gov.cn/xwfbh/wsfbt/202311/t20231130_635/88.shtml#2。

② 参见《检察机关打击治理电信网络诈骗及关联犯罪典型案例》案例三，载最高人民检察院官网，https：// www.spp.gov.cn/xwfbh/dxal/202204/t20220421_554693.shtml。

次数、持续时间、资金流入的频率、数额、对帮助对象的了解程度、银行卡和二维码被封控提示等主客观因素综合认定其主观明知，最终对戴某等人以掩饰、隐瞒犯罪所得而非诈骗的共犯提起公诉。

二是提供帮助行为的阶段不同。帮助信息网络犯罪活动罪是为信息网络犯罪提供帮助，通常为犯罪中的一环，为犯罪的实施提供帮助行为；但掩饰隐瞒犯罪所得、犯罪所得收益罪是事后的帮助行为，上游犯罪已经既遂，系事后的销赃行为。如黄某、郑某等人掩饰、隐瞒犯罪所得、犯罪所得收益罪[①]案中，被害人根据诈骗行为人的安排将被骗款项汇至五被告人“工作室”使用的银行账户，此时被骗款项已在诈骗行为人的控制范围内，被害人已实际遭受损失，诈骗犯罪已经既遂，五被告人使用本人或他人的银行账户收款后，又根据上线的安排转账至指定账户，帮助上游犯罪逃避公安机关刑事侦查及赃款追缴，其行为不仅扰乱公共管理秩序，而且妨害正常司法活动，若认定帮助信息网络犯罪活动罪不能完全评价五被告人的犯罪行为。司法机关综合犯罪介入的时段、犯罪行为侵犯的客体、是否存在协助划转、转移资金的犯罪实行行为等方面认定，最终定性掩饰、隐瞒犯罪所得罪，并以此与帮助信息网络犯罪活动罪相区分。

三是所结算的资金性质不同。帮助信息网络犯罪活动罪中所结算的资金性质往往是犯罪的经营性资金，且只要是网络犯罪活动的资金即可，不要求具体查明资金性质，也不要求所帮助的犯罪对象系犯罪所得；而掩饰、隐瞒犯罪所得、犯罪所得收益罪中所结算的资金是犯罪所得或者是犯罪所得产生的资金、孳息等收益。但二者均以上游犯罪成立为前提。如张某华妨害信用卡管理案[②]中，行为人非法持有大

---

① （2022）湘 07 刑终 120 号。
② （2017）豫 1521 刑初 211 号。

量冒用他人身份证办理的信用卡，按照他人指示取出卡内的钱款后收取提成，法院判决认为，上游犯罪事实是否成立以及系何类犯罪尚待查实，现有证据不能证明其持有的银行卡款项系网络电信诈骗所得，不能定性为掩饰、隐瞒犯罪所得、犯罪所得收益罪，最终定性为妨害信用卡管理罪。

（二）非法利用信息网络罪与帮助信息网络犯罪活动罪的区分

一是关联行为是否为违法行为不同。非法利用信息网络罪的关联行为既可以是违法行为，也可以是犯罪行为，即包括属于刑法分则规定的行为类型但尚未构成犯罪的违法行为。帮助信息网络犯罪活动罪的关联行为仅限于犯罪行为。

二是实行行为的人员范围不同。非法利用信息网络罪仅强调设立网站、通讯群组或者发布信息需要与“违法犯罪”关联，因此无论是为自己或是他人的“违法犯罪”实施上述行为，均可成立该罪。帮助信息网络犯罪活动罪则规定明知他人利用信息网络实施犯罪，并提供相应的技术支持和其他帮助，因此仅可为他人利用信息网络实施犯罪实施帮助行为。如唐某琪、方某帮助信息网络犯罪活动案[①]中，方某、唐某琪明知他人实施诈骗行为，仍然向其出售 GOIP 设备，故而检察机关对其以帮助信息网络犯罪活动罪提起公诉。对于这一明知条件的认定，要坚持主客观相统一原则予以综合认定。对于曾因实施有关技术支持或帮助行为，被监管部门告诫、处罚的，仍然实施有关行为的，如没有其他相反证据，可依法认定其明知。对于行业内人员出售、提供相关设备工具被用于网络犯罪的，应结合其从业经历、

① 参见《检察机关打击治理电信网络诈骗及关联犯罪典型案例》案例九，载最高人民检察院官网，https：// www.spp.gov.cn/xwfbh/dxal/202204/t20220421_554693.shtml。

对设备工具性能了解程度、交易对象等因素，可依法认定其明知。

三是行为方式不同。非法利用信息网络罪的所有行为构成要件要素均与网络息息相关，建群组或发信息的载体均需要在网络上进行，而帮助信息网络犯罪活动罪则不然，广告推广或支付结算等并不需要依托于网络。非法利用信息网络罪是将“上网”行为单独入罪，帮助信息网络犯罪活动罪是将“帮助”行为单独入罪。这一区分点的价值体现在非法利用信息网络罪更像是一个特殊罪名，一旦出现行为人的行为性质是属于“发布消息”还是“广告推广”分辨不清时，就优先适用非法利用信息网络罪，因为它是纯依靠网络的特殊罪名。在两罪界分实在困难的情况下，宜优先适用非法利用信息网络罪。

四是犯罪对象的针对性不同。非法利用信息网络罪中涉及的主要行为类型是建设群组网站和发布信息，这两种类型均涉及两个精准：或针对范围特定的犯罪对象进行精准引流，如专门成立群组或相关网络，将可能成为被害人的群体进行精准聚集；或发布的信息重点精准，如发布消息中重点均落在某个具体实施犯罪所使用的即时通讯账户上，从而实现不法分子与犯罪对象的精准对接，如发布信息最常见的类型就是编造虚假信息，引发网友关注某个 QQ 号。而帮助信息网络犯罪活动罪的着力点并不在于犯罪对象，而在于全面辅助犯罪实施，更多关注不法分子这一群体，无论是技术支持还是帮助，均不以犯罪对象为重点，而更多方便犯罪活动的开展，如帮助其转款、帮助其虚张声势、帮助其提供账号（而非做账号推广）等。

五是效果不同。设立非法利用信息网络罪，目的是解决信息网络犯罪中带有预备性质的行为如何处理的问题，将刑法规制的环节前移，以适应惩治犯罪的需要。之所以称之为带有预备性质的行为，是因为行为的效果并不确定，精准投放的犯罪对象并不一定会成为“真正的被害人”，所以该罪名的入罪标准均是从行为人自身的行为效果来界定，如向多少群组发送信息，自己得了多少非法所得，并不关注其违法犯罪行为的“成效”。而帮助信息网络犯罪活动罪恰恰相反，该罪名的入罪标准更多的是关注其所帮助的犯罪行为的“成效”，如帮助提供支付结算多少元、为几个对象提供帮助等。

（三）收买信用卡信息罪与帮助信息网络犯罪活动罪的区分

一是客体不同。收买信用卡信息罪侵犯的客体是信用卡管理秩序。帮助信息网络犯罪活动罪侵犯的客体是国家对正常信息网络环境的管理秩序。

二是犯罪对象不同。收买信用卡信息罪犯罪对象是信用卡资料信息。所谓信用卡资料信息，是指由发卡银行在发卡时使用专用设备写入信用卡磁条中的一组关于发卡行代码、持卡人账户、账号、密码等内容的加密电子数据，作为 POS 机、ATM 机等终端机识别用户是否合法的依据。没有这些信息，信用卡将无法使用。帮助信息网络犯罪活动罪的犯罪对象主要是概括的网络犯罪，为网络犯罪提供帮助。

三是行为方式不同。收买信用卡信息罪的行为方式主要是收买，即指行为人以有偿的方式获得他人出卖的信用卡信息；帮助信息网络犯罪活动罪的行为方式主要是明知他人利用信息网络实施犯罪，为其犯罪提供互联网接入、服务器托管、网络存储、通讯传输等技术支持，或者提供广告推广、支付结算等帮助。

五、电信网络诈骗的罪数形态

行为人实施电信网络诈骗的过程中，其行为可能触犯其他罪名。如在锁定被害人的信息时，可能触犯侵犯公民个人信息罪；在非法使用假基站时，可能触犯扰乱无线电通讯管理秩序罪；在网站里投放链接或其他虚假广告时，可能触犯帮助信息网络犯罪活动罪；网络服务提供者在实施帮助行为时，可能构成拒不履行信息网络安全管理义务罪等。

在办理电信网络诈骗案件过程中，需要综合考虑行为人的行为是否构成其他犯罪，依据法条竞合、想象竞合、牵连犯、吸收犯、数罪并罚等一般处理规则进行准确定罪量刑。

1. 法条竞合

法条竞合是指一个行为同时符合数个法条规定的犯罪构成，但从数个法条之间的逻辑关系来看，只能适用其中一个法条，当然排除适用其他法条的情况。受德日刑法影响，但又不完全等同于德日刑法的概念，在本书谈及的诈骗罪中，出现多种法条竞合情形。区分法条竞合及下文提及的想象竞合的核心之处，在于触犯的必然性。如构成合同诈骗罪，则必然触犯诈骗罪，这是典型的法条竞合。在诈骗与特殊诈骗发生竞合时，竞合的两个法条之间属于一般法与特别法的竞合，在刑法没有明确规定“依照处罚较重的规定定罪处罚”时，应贯彻“特别法优于普通法”的立场，适用特别法优于一般法的原则，认定为特殊诈骗罪，比如合同诈骗罪、金融诈骗罪。

2. 想象竞合

想象竞合是指行为人实施一个行为，同时触犯了数个罪名的情况，比如盗窃电力设备，同时触犯了盗窃罪与破坏电力设备罪。冒充国家机关工作人员实施电信网络诈骗，同时构成电信网络诈骗和招摇撞骗罪的，属于想象竞合，从一重罪处罚。冒充国家机关工作人员侵害了国家机关的公共信用，诈骗则侵害了公私财物所有权，认定为想象竞合，明示行为触犯两个罪名，只是适用一个重法定刑，才能对该行为的不法内容作出全面评价。如樊某波、付某等电信诈骗案[①]，行

① （2021）豫 08 刑终 189 号。

为人违法设立期权交易平台，欺骗诱使客户在该平台上进行投资，但不提供相应期权交易服务，直接将客户因受骗产生错误认识而投入的钱款存入私人账户，不将客户投资投入正规的期权市场，违反了国家对期权交易的管理规定，侵犯了正常的市场秩序，构成非法经营罪，同时，又属于通过诈骗非法占有他人基于错误认识处分的财产，构成诈骗罪，符合想象竞合犯的特征，应择一重罪定罪处罚。

3. 牵连犯

犯罪的手段行为或结果行为，与目的行为或原因行为分别触犯不同罪名的情况，一般认定为牵连犯，依照处罚较重的规定定罪处罚。比如，在电信网络诈骗中，非法使用“伪基站”干扰无线电通讯秩序的，同时构成扰乱无线电通讯管理秩序罪和诈骗罪；又如，为了实施电信网络诈骗而非法持有大量他人信用卡的，同时构成诈骗罪和妨害信用卡管理罪，其中利用他人信用卡是手段行为，实施电信网络诈骗犯罪是目的行为，二者具有牵连关系。

4. 吸收犯

吸收犯则是指在一个犯罪过程中，行为人所实施的数个犯罪行为因属于同一罪质，而由重行为吸收轻行为、主行为吸收从行为的犯罪形态。据此，吸收犯由数个独立的犯罪行为构成，但因触犯同一罪名，属于同一种犯罪的不同形式，而且，这些行为之间有重行为与轻行为、主行为与从行为之分，从而产生吸收关系，在不遗漏评价的前提下，由重行为吸收轻行为、主行为吸收从行为，最终仅对行为人以重行为或者主行为所触犯罪名定罪处罚。轻行为、从行为通常是重行为、主行为的必经阶段、组成部分或当然结果。

5. 数罪并罚

数罪并罚，是指一人犯数罪，人民法院对其所犯各罪分别定罪量刑后，按照法定的原则，决定应执行刑罚的一种刑罚适用制度。法律禁止遗漏评价，也同时禁止重复评价。对于诈骗行为过程中实施了其他犯罪行为，是否应当数罪并罚，需要结合个案具体分析。有观点认为，非法获取公民个人信息后，实施电信网络诈骗，具有牵连关系，应从一重罪处罚。本书认为，只有某种手段行为通常用于实施某种犯罪，或者某种原因行为通常导致某种结果行为，才宜认定为牵连犯。比如盗窃枪支后，用枪支杀人的，因盗窃枪支并不是杀人的通常手段行为，故不宜认定为牵连犯，应数罪并罚。同理，非法获取公民个人信息并非通常是为了实施诈骗，而实施电信网络诈骗也并非通常需要非法获取公民个人信息，故非法获取公民个人信息后使用信息实施电信网络诈骗并不具有通常性、类型性，不宜认定为牵连犯。而且并罚有利于最大限度地实现适用刑罚的一般预防功能，对公民的个人信息安全和财产安全提供更为周延、全面的保护。

第二节　诈骗财物数额的认定

诈骗犯罪是一种财产型犯罪，诈骗财物数额的认定和数额的大小直接影响着诈骗行为是否达到追诉标准，以及行为人应当承担的刑事责任大小，因此对诈骗财物数额的认定显得尤为重要。要判断诈骗财物数额的大小，首先应当明确诈骗的对象是什么。

一、诈骗犯罪的对象

诈骗犯罪属于侵犯财产犯罪，其犯罪对象是公私财物，包括财物与财产性利益。财产犯罪对象必须具有以下三个特征：其一，具有管理可能性。犯罪对象应该是能够被被害人占有或者所有，具有控制可能性的财物，否则被害人不会因行为人的诈骗行为而丧失财物。其二，具有转移可能性。如果犯罪对象无法转移，那么犯罪行为人也无法占有财物，不可能取得被害人财物。其三，具有价值性。客观上应具有经济价值、交易价值或者使用价值。财物通常是指货币、物品等有体物，也包括电、通讯信号等无体物，随着社会发展，财物还扩展为可以折算为货币的其他利益，如虚拟财物，游戏点卡、网络虚拟货币等，这些都可以成为诈骗的犯罪对象。财产性利益是指有形物以外的财产上的利益，包括积极财产的增加和消极财产的减少，主要体现在债权的增加和债务的减少，如骗取存折、银行卡等债权凭证或者免除水费、电费、房租等。需要注意的是，劳务费属于诈骗的犯罪对象，但劳务本身不属于诈骗犯罪的对象，劳务本身不是财产性利益，只有免除其对价时才具有财产性特征，可认定为财产性利益。[①]

二、诈骗财物数额的认定

诈骗财物数额通常指被害人基于认识错误处分财物所造成的损失。关于诈骗数额的认定，最高人民检察院《检察机关办理电信网络诈骗案件指引》规定:（1）根据犯罪集团诈骗账目登记表、犯罪嫌疑人提成表等书证，结合证人证言、犯罪嫌疑人供述和辩解等言词证据，认定犯罪嫌疑人的诈骗数额。（2）根据经查证属实的银行账户交易记录、第三方支付结算账户交易记录、通话记录、电子数据等证据，结合已收集的被害人陈述，认定被害人人数及诈骗资金数额。（3）对于确因客观原因无法查实全部被害人，尽管有证据证明该账户系用于电信网络诈骗犯罪，且犯罪嫌疑人无法说明款项合法来源的，也不能简单将账户内的款项全部推定为“犯罪数额”。要根据在案其

① 张明楷:《刑法学（第六版）》，法律出版社 2021 年版，第 1212—1214 页。

他证据，认定犯罪集团是否有其他收入来源，“违法所得”有无其他可能性。如果证据足以证实“违法所得”的排他性，则可以将“违法所得”均认定为犯罪数额。（4）犯罪嫌疑人为实施犯罪购买作案工具、伪装道具、租用场地、交通工具甚至雇佣他人等诈骗成本不能从诈骗数额中扣除。对通过向被害人交付一定货币，进而骗取其信任并实施诈骗的，由于货币具有流通性和经济价值，该部分货币可以从诈骗数额中扣除。

该规定明确了诈骗金额认定的标准，需要注意以下几点。其一，能够根据证据具体认定诈骗数额的结合证据直接认定。如魏某双等60人诈骗案[①]中，检察机关介入案件侦查，引导侦查工作深入开展，最后综合各种证据将诈骗金额从最初认定的人民币1200万余元提升到1.2亿元。其二，对无法根据现有证据准确判断诈骗金额的，可以结合在案其他证据，对犯罪嫌疑人违法所得作出排他性认定后，才可认定为诈骗金额。如吴某全、刘某诈骗案[②]中，吴某全招募刘某等人通过微信、陌陌等网络聊天工具虚构女性身份以恋爱、交友等名义约被害人见面，从而获取被害人的联系方式，让被害人到店内消费高额红酒、果盘等物品，以此方式骗取被害人钱财。在金额认定时，法院认为本案诈骗数额争议焦点主要集中在被告人吴某全等人使用的POS机交易流水中的金额能否认定为诈骗数额。根据被告人吴某全的供述以及刘某的供述，在本案犯罪过程中，POS机就是用于被害人刷卡“消费”的，其流水记录均是诈骗数额，有小部分套现。法庭综合审查认为，套现存在一定的合理可能，可根据被告人吴某全的供述，对于套现数额在量刑时予以考量。其三，关于诈骗成本是否应当扣除做了明

① 参见《检察机关打击治理电信网络诈骗及关联犯罪典型案例》案例一，载最高人民检察院官网，https：// www.spp.gov.cn/xwfbh/dxal/202204/t20220421_554693.shtml。

② （2016）皖0221刑初270号。

确规定，为犯罪做准备的一般成本不应扣除，例外情形是，以货币形式支付给被害人为骗取其信任的，可以从诈骗数额中扣除。

三、多次诈骗数额的认定

多次实施诈骗行为，每次金额均达到犯罪标准的，应累计计算。但每次金额单独计算均未达到犯罪标准，累计达到犯罪标准的，是否以诈骗罪追究刑事责任？根据2016年最高人民法院、最高人民检察院、公安部《关于办理电信网络诈骗等刑事案件适用法律若干问题的意见》规定，行为人实施电信网络诈骗，在两年之内未经处理，诈骗数额累计计算构成犯罪的，应当以诈骗罪定罪处罚。

多次诈骗犯罪，既有既遂又有未遂的，诈骗金额应如何认定？最高人民法院、最高人民检察院、公安部《关于办理电信网络诈骗等刑事案件适用法律若干问题的意见》规定，分别确定犯罪既遂部分金额和犯罪未遂部分金额，比较既遂部分和未遂部分的量刑幅度，属于同一量刑幅度的，以犯罪既遂认定处罚；既遂部分量刑与未遂部分量刑幅度不同的，按照量刑较重幅度的认定。

多次诈骗犯罪，案发前主动归还诈骗款的，归还部分是否应当扣除？根据1991年最高人民法院研究室《关于申付强诈骗案如何认定诈骗数额问题的电话答复》，应当扣除，按照实际诈骗所得数额计算。参照上述规定，多次诈骗的行为人用新骗得财物归还被害人的，可认为没有非法占有目的，基于主客观一致原则，归还部分不计入诈骗数额。[①] 1996年最高人民法院《关于审理诈骗案件具体应用法律的若干问题的解释》规定，多次诈骗，并以后次诈骗财物归还前次诈骗财物的，应当将案发前已经归还的数额扣除，将多次行骗的数额作为从重

---

① 刘辰主编：《侵犯财产犯罪办案指引》，中国检察出版社2022年版，第132页。

情节予以考虑。目前该司法解释虽已失效，但是现行的法律规定或新的司法解释并未有与之矛盾的规定，且其与司法实务中的通说价值取向一致。故案发前已经归还的款项应当从犯罪数额中扣除。

四、共同实施诈骗的数额认定

电信网络诈骗通常由多人共同实施，常以犯罪集团或者团伙的形式实施犯罪，认定各行为人应当承担的犯罪数额对准确打击犯罪具有现实意义。首先，应当区分各行为人在共同犯罪中的地位，对于犯罪集团的首要分子和一般共同犯罪中的主犯，犯罪行为在其组织、领导或者预谋下实施，在犯罪中起主要作用，犯罪行为的实施没有超出其意志范围，根据主客观相一致原则及罪刑相适应原则，理应依据犯罪总数额认定其诈骗金额。其次，对于从犯中的实行犯，其本人仅对自己实施诈骗数额有所认知，对主犯组织的其他行为人实施的数额并不知情，以其具体实施的诈骗金额认定更为合理。比如诈骗团伙中分为“冒充公检法诈骗组”“虚假贷款诈骗组”等若干个小组，各小组之间相对独立，那么各小组成员对其小组的诈骗金额负责。

对于帮助犯，因其并不参与具体的实行行为，其诈骗金额可能认定为跟主犯诈骗金额一致，这将导致帮助犯认定的诈骗金额大于实行犯的诈骗金额，可能导致对帮助犯的处罚重于实行犯。关于共同犯罪数额认定，《关于办理电信网络诈骗等刑事案件适用法律若干问题的意见》已有规定，共同实施诈骗犯罪的，行为人应当对其参与共同诈骗的数额承担责任。对于上述从犯处罚上可能引起的差异，可以结合各行为人的犯罪情节，赃款获利等综合判断，在量刑上予以区分。

在共同诈骗犯罪中，犯罪时间往往持续较长，各行为人实施诈骗的时间长短不一，诈骗金额的起算时间应如何确定？《关于办理电信网络诈骗等刑事案件适用法律若干问题的意见》规定，应该从行为人按照共同犯罪中各自分工，着手实施诈骗行为时开始计算诈骗金额。即共同犯罪行为人达成共同犯意，其中一人依照共谋实施诈骗行为时，可认定着手实施诈骗行为，开始计算诈骗金额。

第三节　财物的追缴与退赔

一、电信网络诈骗追赃及退赔的特殊性

电信网络诈骗犯罪的赃物追缴与退赔是案件办理程序的最后一环。对被害人而言，能够及时地、最大限度地挽回财产损失才是最有实质意义的，而电信网络诈骗关联犯罪如掩饰、隐瞒犯罪所得、犯罪所得收益罪、帮助信息网络犯罪活动罪等，虽然本身并不属于财产型犯罪，但却为诈骗罪中的财产转移发挥了积极作用。在司法实务中，电信网络诈骗及其关联犯罪的赃款、赃物一旦到达犯罪分子控制、支配的银行账户，就会以极快的速度被转移、隐藏，导致损失难以追回。

二、电信网络诈骗追赃及退赔措施

（一）构建协作追赃机制

在办理电信网络诈骗及其关联犯罪案件时，应采取线上和线下双线并行的侦查方向。比如，线上要求案件侦查人员通过电信互联网追踪犯罪嫌疑人以及被害人的行为平台、IP 地址、资金流向等，通过网络实现被害人紧急止付和有效止付。线下要求侦查人员迅速到位，尽快定位抓捕犯罪嫌疑人。加强各警种之间的协作与配合，首先，从制度上

放宽不同警种的合作限制，对于电信网络诈骗及其关联犯罪类法益侵害紧迫性强、危害扩散速度快、追赃困难的犯罪，适用快捷便利的简单程序，减少或者简化不必要的审批环节；其次，在公安机关内部进行职能整合和资源整合，对内聚合刑侦、经侦、网警等业务警种，对外联合检法机关、科研机关、海关、银行、电信等部门，构建办案协作机制。

（二）搭建紧急止付平台

在电信网络诈骗犯罪中，钱款一旦汇入犯罪嫌疑人的账户，往往无法追回。因此，只能从被害人支付阶段着手，及时阻止被害人实施支付以及其他处分财产的行为。被害人止付可以通过线上和线下两种途径实现。在线上，要搭建完善国内统一的反诈紧急平台，通过公检机关与电信部门、互联网通讯部门、金融监管部门、银行、第三方支付平台等多部门、跨行业的合作机制，建立完善的跨区域银行系统快速查询机制和账户冻结机制，建立反诈平台紧急止付专门通道，最大限度缩短操作时间，简化跨区取证手续，为追赃工作提供平台支持。

（三）建立统一账户平台

根据2016年12月19日最高人民法院、最高人民检察院、公安部《关于办理电信网络诈骗等刑事案件适用法律若干问题的意见》的规定，涉案银行账户或者涉案第三方支付账户内的款项，对权属明确的被害人合法财产，应当及时返还。确因客观原因无法查实全部被害人，但有证据证明该账户系用于电信网络诈骗犯罪，且被告人无法说明款项合法来源的，根据《中华人民共和国刑法》第64条的规定，应认定为违法所得，予以追缴。对于上述资金应当存放于公检法统一账户平台，根据情况再做具体处理。比如，可以在公检法机关之间建立统一账户，用于暂时存放无法处理的追缴资金和追回赃款，方便涉案资金在可以返还时能被立即返还。

（四）善用认罪认罚从宽制度促使退赃退赔

司法人员办案时充分释法说理，宣传宽严相济的刑事政策，向犯罪嫌疑人释明退赔可以获得从宽处理，促使犯罪嫌疑人真诚悔罪，主动交代赃款赃物的去向，联系家属代为退赃、退赔。对于积极退赃、退赔的，可从以下两个方面从宽处理：一是考虑相对不起诉。对犯罪嫌疑人积极退赃、退赔，取得被害人或者被害人家属谅解，犯罪情节轻微，犯罪数额不大，犯罪嫌疑人有认罪认罚、投案自首等从轻情节的，可以考虑相对不起诉。二是考虑量刑从轻。犯罪嫌疑人没有退赃退赔、赔偿损失，未能与被害人达成调解或者和解协议的，即使认罪认罚，但在从宽幅度上要严格把握。若认罪认罚后又退赃退赔的，可在量刑上给予更高的从宽幅度。根据最高人民法院、最高人民检察院《关于常见犯罪的量刑指导意见（试行）》的规定，对于退赃、退赔的，应当综合考虑犯罪性质、退赃、退赔行为对损害结果所能弥补的程度，退赃、退赔的数额及主动程度等情况，可以减少基准刑的30%以下。侦查机关办案时可将上述规定向犯罪嫌疑人充分说明，促使其退还赃款、赔偿损失。如李某等人诈骗案[①]中，在该案赃款已基本被挥霍、仅查扣17万余元的情况下，检察机关充分适用认罪认罚从宽制度，全流程督促犯罪嫌疑人、被告人在捕、诉、审各环节退赃退赔，并根据其在共同犯罪中的地位、作用以及退赃退赔态度，依法提出不同幅度的从宽量刑建议，督促各被告人、被不起诉人退赃退赔共计295万余元，为被害人追回大部分经济损失。

---

① 参见《检察机关打击治理电信网络诈骗及关联犯罪典型案例》案例四，载最高人民检察院官网，https：// www.spp.gov.cn/xwfbh/dxal/202204/t20220421_554693.shtml。

（五）对非善意取得的财物依法追缴

对非善意取得涉案财物的第三人应当依法追缴财产，依法查封、扣押、冻结。如存在从本案获得财物的同案犯或者第三人，公安机关应当及时追缴。根据最高人民法院、最高人民检察院、公安部《关于办理电信网络诈骗等刑事案件适用法律若干问题的意见》的规定，被告人已将诈骗财物用于清偿债务或者转让他人，具有下列情形之一的，应当依法追缴：（1）对方明知是诈骗财物而收取的；（2）对方无偿取得诈骗财物的；（3）对方以明显低于市场的价格取得诈骗财物的；（4）对方取得诈骗财物系源于非法债务或者违法犯罪活动的。

通过以上举措，建立起电信网络诈骗犯罪全链条追赃挽损机制，最大限度弥补被害人损失，力争办案效果最大化，促进案结事了人和，化解社会矛盾，维护社会和谐稳定。

第四节　电信网络诈骗犯罪的管辖

一、电信网络诈骗犯罪管辖权问题的特殊性

根据我国刑事诉讼法的规定，刑事案件由犯罪地的人民法院管辖。如果由被告人居住地的人民法院审判更为适宜的，可以由被告人居住地的人民法院管辖。犯罪的管辖所在地为犯罪所在地，而犯罪所在地同时包括犯罪行为地和犯罪结果地。同时，被告人居住地也具有管辖权。由于电信网络诈骗犯罪依托于电信、网络等形式，上下游涉及诈骗人员多，诈骗人员分布地域广，被害人遍布各地，诈骗链条连接性、紧密性强，诈骗手段不断更新和变化，各个犯罪环节可能分布

于不同的地域等，在此大背景下，电信网络诈骗犯罪的管辖权容易引起争议。

二、管辖权争议的成因

（一）电信网络诈骗犯罪之间的关联性

1. 共同谋划

在实施电信网络诈骗犯罪的过程中，处于不同地域但在同一诈骗链条上的上游人员与下游人员紧密联系，加强沟通协作，共同谋划，呈“流水线”模式，共同对被害人实施诈骗。

2. 提供帮助

就电信网络诈骗的关联犯罪而言，上下游之间互相提供帮助，如帮助取款、帮助办理银行卡、提供或倒卖公民的个人信息、协助转移钱款等，导致诈骗所得的钱财能够迅速转移，难以查清资金流向。

3. 同一平台

不同地方的诈骗分子在同一群聊、虚假网站、金融网页等渠道实施诈骗，共同实施诈骗，处于同一诈骗的“流水线”，共同“享用”收益。

（二）电信网络诈骗犯罪形式的多样性

1. 依靠复杂的科技手段

随着信息时代的发展以及各种科技力量的不断增强，且大部分电信网络犯罪集团具有“雄厚”的财力，他们往往会购买更加智能化的设备，采取更高端的方式实施诈骗。例如，一个诈骗链条可能有技术处理部门、信息收集部门、协调部门等，通过木马程序、聘请黑客等手段实施诈骗。这种诈骗方式，常依靠信息网络和科技设备，上下游诈骗协作密切，涉及地域范围广、人员多、流程复杂，在这种情况下容易产生管辖权的争议。

2. 依靠线下熟人朋友取款

电信网络诈骗犯罪分子通过线上手段，骗取到被害人的钱财后，钱财通过层层分流，流入不同的银行卡，接着线上线下共同联动，提前和线下组织人员加强沟通，引诱、劝导、怂恿身边的亲戚朋友或者路边的陌生人，基于一定的好处请求别人办理银行卡或者帮忙取款，进而顺利完成钱财的转移。因此，在这种情况下，上游和下游联动，线上和线下联动的交叉关系，使得追究其中一方或者多方人员时，容易产生管辖权争议。

（三）电信网络诈骗犯罪情节的复杂性

1. 涉案金额来源复杂

对于一些“杀猪盘”诈骗或者赌博电信网络诈骗，犯罪分子并非纯粹的收益，其前期或者全过程中投入一定的“本金”吸引人员，引诱其上当受骗，因此对于不同时间段、不同地域、不同人员投入的金额，难以溯源和查清，侦查机关在办案时需要多地协调合作破案，可能需要确定一个牵头侦查机关。

2. 部分涉案人员在境外

近年来，跨国电信网络诈骗犯罪频发。对于一些跨国诈骗案件，如上游在东南亚国家，下游在我国时，在我国境内侦查犯罪时，难免需要查清上游，上溯犯罪源头或者摸清诈骗钱财的走向。面对这种情况，可能会面临信息“断层”的现象，如在办理境内发生的一宗案件时，缺少了在境外的关键信息，导致办理案件存在“瓶颈”，在重要节点难以破案，对于这种跨国诈骗案件管辖也容易引发争议。

三、解决电信网络诈骗犯罪管辖权争议的路径

（一）依照法律法规，明确电信网络诈骗犯罪案件的管辖权

在办理涉电信网络诈骗犯罪案件中，确认管辖权一般是基于“犯罪行为地”和“犯罪结果地”，依照相关法律法规进行确认。最高人民法院、最高人民检察院、公安部《关于办理电信网络诈骗等刑事案件适用法律若干问题的意见》规定，电信网络诈骗犯罪案件一般由犯罪地公安机关立案侦查，如果由犯罪嫌疑人居住地公安机关立案侦查更为适宜的，可以由犯罪嫌疑人居住地公安机关立案侦查。犯罪地包括犯罪行为发生地和犯罪结果发生地。“犯罪行为发生地”包括用于电信网络诈骗犯罪的网站服务器所在地，网站建立者、管理者所在地，被侵害的计算机信息系统或其管理者所在地，犯罪嫌疑人、被害人使用的计算机信息系统所在地，诈骗电话、短信息、电子邮件等的拨打地、发送地、到达地、接受地，以及诈骗行为持续发生的实施地、预备地、开始地、途经地、结束地。“犯罪结果发生地”包括被害人被骗时所在地，以及诈骗所得财物的实际取得地、藏匿地、转移地、使用地、销售地等。多个公安机关都有权立案侦查的电信网络诈骗犯罪案件，由最初受理的公安机关或者主要犯罪地公安机关立案侦查。有争议的，按照有利于查清犯罪事实、有利于诉讼的原则，协商解决。经协商无法达成一致的，由共同上级公安机关指定有关公安机关立案侦查。

（二）提前介入，及时确认管辖权

公安机关在侦查案件前，可邀请检察机关提前介入，对涉电信网络诈骗案件的管辖权问题提前进行研究，加以明确。若在侦查阶段确认管辖权，则提高了案件的办理速度，加快案件的移送和办理；若在侦查阶段确认当地办案机关不具备管辖权，则公安机关及时移送有权

管辖的办案机关，加快案件的办理速度，提高工作效率。由电信网络诈骗最初发现地公安机关侦办的案件，诈骗数额当时未达到“数额较大”标准，但后续累计达到“数额较大”标准，可由最初发现地公安机关立案侦查。公安机关立案、并案侦查，或因有争议，由共同上级公安机关指定立案侦查的案件，需要提请批准逮捕、移送审查起诉、提起公诉的，由该公安机关所在地的人民检察院、人民法院受理。

（三）公检法加强沟通协调，依法指定管辖

对于一些重大、疑难、复杂的电信网络诈骗犯罪案件，特别是跨国犯罪案件，需要公安机关、检察机关和审判机关之间加强沟通协调，依法指定管辖，在发现案件线索阶段或者侦查阶段，初步审查案件并作出决定。对于重大疑难复杂案件和跨国犯罪案件，公安机关应在指定立案侦查前，向同级人民检察院、人民法院通报。对于因网络交易、技术支持、资金支付结算等关系形成多层级链条、跨区域的电信网络诈骗等犯罪案件，可由共同上级公安机关按照有利于查清犯罪事实、有利于诉讼的原则，指定有关公安机关立案侦查。跨国电信网络诈骗犯罪案件，可由公安部按照有利于查清犯罪事实、有利于诉讼的原则，指定有关公安机关立案侦查。如马某一、马某二等诈骗案[①]五被告人在田阳区实施网络诈骗活动，犯罪地在田阳区，且是主要的犯罪地，田阳区公安局有该案件的刑事管辖权；虽然五个受害人被诈骗后分别在各自住所地的公安机关报案，相应的公安机关也进行了立案，但案发后，百色市公安局刑侦支队已根据公安部的指示要求，通知田阳区公安局进行侦查打击，并当场查获了正在实施诈骗活动的五被告人。另外，田阳区公安局对该案立案并采取了侦查措施后，未发现受害人报案所在地的公安机关

① （2020）桂1021刑初66号。

提出管辖争议，田阳区公安局继续侦查更为适宜。

四、处理电信网络诈骗犯罪管辖权争议应注意的问题

（一）重视异议，保障权益

对于一些指定管辖的电信网络诈骗犯罪案件，应当履行相关的程序，及时将相关文书材料送达当事人，保障当事人的知情权、异议权等相关合法权益。

（二）信息共享，及时分流

依托各社交平台、大数据平台等，筛查和捕捉电信网络诈骗犯罪的嫌疑人和被害人的信息，实现信息“资源共享”，发现属于不同地域管辖的案件时，及时分流，迅速移送，加快案件办理的速度。

（三）在逃归案，归属原案

已确定管辖的电信网络诈骗共同犯罪案件，在逃的犯罪嫌疑人归案后，一般由原管辖的公安机关、人民检察院、人民法院管辖。

第五节　各类别案件证据收集要点

一、贷款诈骗类证据收集要点

1. 收集贷款广告、贷款链接情况及发送贷款短信情况，证明犯罪嫌疑人发布贷款信息的内容。

2. 收集客服来电录音及客服聊天记录情况，证明犯罪嫌疑人如何与被害人沟通办理贷款的过程。

3. 收集被害人登录办理信用卡的平台网址、网贷 App、贷款办理过程操作说明，证明犯罪嫌疑人利用虚拟的网站引诱犯罪嫌疑人办理信用卡，从而诈骗钱财的手法。

4. 收集用于办理贷款收取手续费的账户交易流水，证明诈骗的金额和去向。

二、冒充身份类证据收集要点

1. 收集被害人与犯罪嫌疑人的聊天记录内容、电话通话记录情况，证明诈骗分子与被害人、行为人联系情况，冒充身份实施诈骗的过程。

2. 收集伪造的公检法法律文书手续、伪造的司法机关官网、退税虚假网站页面及登录操作流程、视频会议 App 的记录，证明犯罪分子冒充公检法机关人员实施诈骗的手法。

3. 收集犯罪嫌疑人的社会身份履历信息，证实其虚构、冒充身份的主观故意。

4. 收集“安全账户”及收款二维码截图的交易流水，证明被诈骗的钱款的金额和去向。

三、购物诈骗类证据收集要点

1. 收集犯罪嫌疑人使用的作案工具（手机、QQ、微信等），以便查清犯罪嫌疑人使用的手机号码、即时通信工具账号的登记信息。

2. 收集客服电话记录、网购理赔短信内容等方式，证明犯罪嫌疑人实施诈骗的时间点和手法，以及与被害人沟通情况。

3. 收集网购退款理赔网站登录、浏览记录、网购 App 使用记录、视频通话屏幕分享，证明犯罪嫌疑人实施诈骗的手法。

4. 收集银行账号交易流水、网购平台交易情况，证明被诈骗数额、资金流向。

四、投资理财类诈骗证据收集要点

1. 收集虚假投资理财网站浏览记录、注册信息、网站管理人员信息、账号充值记录，证明每名犯罪嫌疑人对应的客户，统计出被害人投资的金额。

2. 收集投资客服与被害人的一对一聊天内容、投资群聊记录、手机通话记录等，证明诈骗分子的分工，一人饰多角的诈骗手法。

3. 收集诈骗分子伪造的虚假投资盈利截图，证明其具有诈骗的主观故意。

4. 查明投资平台后台控制涨跌的原理和操作流程，进一步证明投资理财诈骗的手法。

5. 收集投资网页和 App 绑定的银行卡、收款账号，证明被害人的转账记录、资金流向、被骗金额。

五、婚恋、交友类诈骗证据收集要点

1. 收集犯罪嫌疑人提供的链接；网站、App 登录信息，证明其虚构事实情况。

2. 收集直播平台注册经营者信息、平台直播人员真实身份、平台的员工管理制度，证明各个犯罪嫌疑人内部的角色和分工情况。

3. 收集犯罪嫌疑人聊天账号信息、登录地址，使用的微信或 QQ 聊天记录等通讯工具聊天记录，证明使用婚恋和交易的目的来实施诈骗。

4. 收集直播平台的充值和刷礼物支付记录、提现记录、接收资金账户信息、相关绑定的银行卡交易流水，证明与被害人钱款支付记录情况，查明诈骗资金流向情况。

六、刷单类诈骗证据收集要点

1. 收集刷单信息来源，如兼职广告截图、软件广告投放记录网站发布记录等，证明犯罪嫌疑人利用刷单引诱被害人的目的。

2. 收集客服与被害人双方的聊天记录内容，证明犯罪嫌疑人实施诈骗的时间点和手法。

3. 收集刷单购物网站的购买链接、网站经营记录、虚假购物软件交易记录，证明犯罪嫌疑人的主观故意。

4. 收集被害人刷单记录、充值记录、网站购买记录、领取红包记录、被害人支付情况，证明被骗资金的流向。

七、赌博类诈骗证据收集要点

1. 收集博彩软件电子数据、被害人提供博彩软件的信息、后台操作该数据如何实现，证明犯罪嫌疑人借助博彩软件实施诈骗。

2. 收集兼职来源截图、对方账号信息、好友添加记录、双方聊天记录、网站经营者信息、管理员信息等，证明犯罪嫌疑人实施诈骗的时间点和手法，以及与被害人沟通情况。

3. 收集网站注册登记信息、平台登录记录、App 关联 IP 地址等情况，证明犯罪嫌疑人的作案时间、作案地点。

4. 收集资金流转情况、接收资金账户信息、充值记录等，证明被害人的被诈骗数额、资金流向。

八、盗取信息类诈骗证据收集要点

1. 收集犯罪嫌疑人使用的电话号码及社交软件信息、App 操作记录、链接网站注册信息、手机登记信息、网页登录、浏览记录，手机户主信息，网站运营信息。

2. 收集索要验证码短信、短信接收记录，短信来源及对方户主信息等，网络链接关联网站注册信息、管理人员信息。

3. 收集犯罪嫌疑人与被害人之间的聊天记录、双方通话记录，手机通话记录，聊天内容，证明犯罪嫌疑人的作案动机、诈骗过程等情况。

4. 收集银行账号交易流水转账情况、转账记录、银行卡转账情况、取现情况、被骗资金流向，证明被害人的被诈骗数额、资金流向、犯罪嫌疑人的诈骗数额。

九、业务类诈骗证据收集要点

1. 收集犯罪嫌疑人诈骗号码的获取来源、在平台发布消息、被害人与平台关联信息、个人账号登录情况、包裹查询信息等，证明犯罪嫌疑人的作案动机以及作案手段。

2. 收集被害人与行为人通讯记录、通话号码、聊天记录、截图资料，证明被害人的被骗过程。

3. 收集平台交易信息、银行交易记录、银行卡实名信息、银行卡转账记录，证明被害人的损失数额以及资金流向。

十、游戏类诈骗证据收集要点

1. 收集登录 IP 地址、对方账户信息、游戏账号使用记录、游戏账户信息、二维码截图资料情况，证明犯罪嫌疑人的作案动机。

2. 收集双方游戏页面聊天记录、QQ 好友聊天记录、QQ 群聊记录等，查明诈骗的全过程情况。

3. 收集银行交易流水情况、银行卡转账记录、资金去向、充值记录，查明被害人的损失钱财的数额以及资金流向。

十一、中奖类诈骗证据收集要点

1. 收集双方交易和联系情况、聊天软件信息记录、网站平台信息记录、账号所有人信息、账号使用人信息等，证实犯罪嫌疑人的作案过程以及被害人受骗历程。

2. 查明资金流转情况、资金账户交易流水、开户信息等，统计犯罪嫌疑人的诈骗数额。

3. 收集公民个人信息的获取方式，为网站架构注册经营管理提供便利人员的参与程度情况，查明作案的方式和手法。

十二、其他类型诈骗证据收集要点

1. 收集双方联系情况、双方社交账号的注册信息及聊天记录内容、二维码注册平台信息及使用记录、虚拟电话 IP 地址及使用时间地点、相关网站注册信息及登录IP地址、App登录情况及使用管理者信息等，查明犯罪嫌疑人的诈骗时间、地点和团伙。

2. 收集资金流转情况、资金账户交易流水、开户信息等，统计被害人的受损数额。

3. 收集公民个人信息的获取方式、为网站架构注册经营管理提供便利人员的参与程度情况，查明作案的方式和手法。

第六节　证据审查要点与技巧

一、形式审查

（一）合法性审查

主要是对证据取得的主体、程序、形式等三个方面是否符合法律规定进行审查。首先，审查证据获取的主体身份是否符合我国刑事诉讼法等法律法规的相关规定。境外电子证据的调取一般是涉外的对方侦查机关协助调取，需要着重审查是否与我国有相关的司法协助协议或者条约，审批手续是否完备等。对于其他渠道收集的境外证据材料，重点审查其来源、提供人、提供时间以及提取人、提取时间。能够证明案件事实且符合我国刑事诉讼法规定的，可以作为证据使用。其次，审查证据取得的程序是否符合法律规定。证据的调取是否为两名侦查人员，证据的取得是否侵犯他人隐私、国家秘密或者商业秘密等。最后，审查证据的取得形式是否符合法律规定。调取人员对证据扣押、封存程序是否合法。如邓某等 9 人电信网络诈骗案[①]中，据以认定罪与非罪的关键证据存在瑕疵，但公安机关侦查人员予以了合理说明，且对检查过程进行了全程录音录像，最终采信。湖南云电司法鉴定所鉴定过程属于网络在线提取电子数据，其提取所依据的网址、账号、密码来源于上述检查笔录，依法可以作为证据使用。湖南云电司法鉴定所出具的鉴定意见书，公诉机关虽在一审庭审举证时认定为鉴定意见，但对湖南云电司法鉴定所出具的鉴定意见书整体内容进行分析，其实质应当属于刑事证据种类中的勘验笔录，公安机关虽未在侦查环节送达各被告人，但并不影响各被告人的诉讼权利，最终审判机关依法认定邓某等 9 人构成诈骗罪。

另外，对于案件的当事人及其辩护人、诉讼代理人提供的证据材料，侦查机关要核实其是否符合证据特征，应由侦查机关重新调取。

随着境外电信诈骗愈演愈烈，在电信诈骗案件办理过程中，通常伴随着境外证据的调取与审查，在涉外证据的审查过程中，我们需要着重注意以下几点。

---

① （2021）鄂 10 刑终 169 号。

1. 证据来源的合法性审查

境外证据的来源包括：外交文件（国际条约、互助协议）；司法协助（刑事司法协助、平等互助原则）；警务合作（国际警务合作机制、国际刑警组织）。

由于上述来源方式均需要有法定的程序和条件，对境外证据的审查要注意：证据来源是不是通过上述途径收集，审查报批、审批手续是否完备，程序是否合法；证据材料移交过程是否合法，手续是否齐全，确保境外证据的来源合法性。

2. 证据转换的规范性审查

对于不符合我国证据种类和收集程序要求的境外证据，侦查机关要重新进行转换和固定，才能作为证据使用。注重审查:（1）境外交接证据过程的连续性，是否有交接文书，交接文书是否包含接收证据;（2）接收移交、开箱、登记时是否全程录像，确保交接过程的真实性，交接物品的完整性;（3）境外证据按照我国证据收集程序重新进行固定的，依据相关规定进行，注意证据转换过程的连续性和真实性的审查;（4）公安机关是否对境外证据来源、提取人、提取时间或者提供人、提供时间以及保管移交的过程等作出说明，有无对电子数据完整性等专门性问题的鉴定意见等;（5）无法确认证据来源、证据真实性，收集程序违法无法补正等境外证据应予排除。

（二）关联性审查

审查证据的关联性，应当重点审查证据与待证事实的关联程度、证据之间的联系等内容。

1. 审查证据与犯罪嫌疑人的关联性

在审查案件时，多采用电话通话记录、聊天记录、出入境时间节点、转账流水、聊天定位情况等证据材料与被害人陈述、犯罪嫌疑人供述等言词证据进行印证，以达到确立案件事实与犯罪嫌疑人的关联性。另外，由于电信网络诈骗犯罪多为链条式犯罪，查明犯罪事实与犯罪嫌疑人的关联性也有利于区分各成员的地位作用，有力打击犯罪。

2. 审查证据与犯罪事实的关联性

可以通过对被害人提供的银行流水、通话记录、聊天信息与其登录的虚拟网站等数据信息进行一一比对确定。以诈骗数额认定为例，电信网络诈骗犯罪通常被害人众多，且遍布各地，对每一个被害人都一一询问核实难度较大。根据《检察机关办理电信网络诈骗案件指引》，由于客观原因无法查实全部被害人，可以根据已经查实的证据综合判断，认定诈骗数额。比如银行账户是否只用于实施电信诈骗，银行交易流水中是否有合法收入，有无证据印证该收入合法。根据已经查明的被害人被骗情况，银行交易流水中类似的交易有多少，被害人被骗后资金流向，类似交易资金流向是否与被害人的资金流向相同，通话记录、聊天记录等内容能否印证被骗资金数额等综合认定诈骗资金数额。如潘某某等人掩饰、隐瞒犯罪所得案①中，行为人为上游犯罪提供银行卡等犯罪工具并帮助转移资金，其掩饰、隐瞒犯罪所得的犯罪数额因无法收集所有被害人损失数额而无法确定的，结合行为人的银行卡交易时间、地点及其收入、年龄、工作等证据，法院判决以其银行卡中被转移资金流水总额作为犯罪数额进行确定，而不以已经查实的被害人被骗金额认定犯罪数额。

3. 重点审查证据的同一性和排他性

多个证据证明指向的案件事实是否一致，相互之间有无矛盾和冲突。认定电信网络诈骗的案件事实，应以相应的证据为根据；对收集

---

① （2022）苏 0803 刑初 17 号。

到的证据材料，经查证属实且具有关联性的，才能作为认定案件事实的根据；对采用非法手段或者违反法律规定取得的证据，应当依照有关规定予以排除，不能作为定案的根据。证据有瑕疵的，经过补正或者合理解释说明才能作为认定案件事实的根据。

（三）真实性审查

在办理电信网络诈骗案件中，电子数据类型的证据日益成为此类犯罪的主要证据形式，并且这类证据在诈骗犯罪事实的认定、犯罪嫌疑人身份的确定以及犯罪数额的计算等方面均起着至关重要的作用，故以电子数据证据为例介绍证据的真实性审查。

首先，审查电子数据来源的真实性。原始存储介质的存放地点或者电子数据的来源以及是否移送原始存储介质，在原始存储介质无法封存、不便移动时，有无说明原因，并注明收集、提取过程，收集、提取过程是否可以重现等情况。电子数据侦查取证不仅要遵守传统证据的取证规范，还要遵循技术标准和技术规范，使得电子数据既合法又合规，实现法律规范和技术标准相统一，保障收集到的电子数据证据合法有效。

其次，审查电子数据本身的真实性。电子数据本体的真实性审查主要是两个方面：一是电子数据来源的原始性和同一性，二是电子数据在刑事诉讼的各个环节没有被更改或者删减。通过审查电子数据检验报告、鉴定意见中记录的电子数据的来源和收集过程，核实电子数据是否从原始存储介质中提取，以及收集的程序和方法是否符合法律及相关技术规范，如因不便封存等原因无法扣押原始存储介质的，侦查机关采用“在线提取”的方式固定电子数据时，是否对电子数据收集过程进行同步录像，以及是否采用其他保障电子数据真实性的手段，以确保电子数据来源的原始性和同一性。通过审查移交电子数据的清单、计算完整性校验值等方式，确保电子数据在整个刑事诉讼过程中保持同一性、完整性。[①] 如张凯闵等 52 人电信网络诈骗案 [②]，在审查起诉阶段，侦查机关提供的电子数据无污损鉴定意见起始基准时间晚于犯罪嫌疑人归案时间近 11 个小时，不能确定在此期间电子数据是否被增加、删除、修改。该鉴定意见在未确定电子数据无污损鉴定的起始基准时间之前，证据真实性存疑，显然属于瑕疵证据。

最后，从电子数据与其他证据的印证情况上来审查真实性。审查人员可以通过审查电子数据与言词证据间、电子证据与实物证据间、电子证据与电子证据间是否能相互印证，从而来证实获得的电子证据的内容真实性。比如犯罪集团与被害人之间的通话记录、犯罪分子与被害人之间的聊天记录、银行流水等与所获取的电子证据之间是否能相互印证，被害人陈述的情况、打款情况与电子证据呈现的是否一致等来证实电子证据的真实性。如郑某、周某珅、吴某毅等人诈骗案 [③] 中，对郑某物品的电子证据检查笔录内容证明郑某使用微信与部分代理商聊天记录涉及诈骗线路运营内容，且曾加入“亚太跨境电商”“（拉菲国际）技术部”等微信群聊。对周某珅物品的电子证据检查笔录证明周某珅与郑某聊天记录涉及让周某珅联系开通支付通道、支付接口由吴某毅负责，郑某发给周某珅 15 个平台的网址、接口等信息，要求做好新旧盘对接结算等内容。郑某后期把涉及拉菲、亚太等多个平台的对账、技术支持、支付通道等内容，曾发送多个线路代理的银行卡及结欠信息给周某珅。对吴某毅物品的电子证据检查笔录证明吴某毅与他人多人聊天涉及有关于做“拉菲国际”等多个微盘、

---

① 《跨境电信网络诈骗案取证策略与证据体系构建》，载《检察日报》2022 年 1 月 29 日，第 3 版。

② 最高人民检察院第十八批指导性案例（检例第 67 号）。

③ （2018）浙 09 刑初 32 号。

此类行为被打击、风声很紧等内容。各电子证据检查记录内容之间能相互印证，证明被告人之间关于商量诈骗运营的具体内容，可以判断该电子证据客观真实。

二、实质性审查

证据的实质性审查，主要是解决证据与拟证明事实之间的关联问题。沿用上文提及的三阶层犯罪构成体系，我们在证据审查过程中，需要逐步攀爬“阶梯”，即按顺序考虑现有证据链，先判断该行为的该当性，再进行违法性和有责性的评价，不可跳跃，亦不可缺失。

一个行为是否构成犯罪，需要审查其是否具备要件该当性、违法性和有责性。其中，要件该当性属于积极审查，即我们是否具备充分的证据来证明该行为符合犯罪的构成要件，并且可以排除合理怀疑。而违法性与有责性则属于消极审查，我们在审查过程中的目光更多应该聚焦在是否具备违法阻却事由以及责任阻却事由，如果具备，那么该行为并不构成犯罪或者行为人不需要承担刑法的谴责。

（一）该当性的审查

如前所述，要件该当性作为犯罪构成的基石，是我们进行审查的重中之重。诈骗罪的行为模式为行为人实行了欺骗行为，使得对方产生或维持错误认识，对方基于认识错误处分财物，行为人取得财物，致使对方遭受财产损失。如果行为人实施了上述要件中的行为，造成了要件中的危害后果，该行为就已经具备了初步的要件该当性。同时，我们还要对行为、行为主体、行为客体、结果、因果关系和客观归责、数额和情节，以及客观附随情况进行审查。在办理电信网络诈骗案件中，我们需要注意对犯罪结果的审查，因为在故意犯罪中，存在犯罪形态的问题。行为人未取得财物以及未造成对方遭受财产损失的结果并不必然代表行为人不构成诈骗罪，其可能构成诈骗罪的预备或未遂。

然而，在实际的案件办理过程中，案情往往错综复杂，尤其是行为人构成诈骗罪的共犯，抑或依据其单独实施的帮助行为单独定罪（如帮助信息网络犯罪活动罪等），常常存在较大争议。

为了解决上述问题，我们在审查过程中，要坚持两个原则，即主客观相一致原则及客观决定主观原则。主客观相一致指的是行为人主观上的认知需要与客观上的行为相一致，客观决定主观指的是故意的认识内容是由客观要件决定的，首先从客观出发判断是否符合犯罪行为特征，进而判断主观罪过，避免主观臆断，达到主客观相统一。以诈骗共犯认定为例，依据最高人民法院、最高人民检察院、公安部《关于办理电信网络诈骗等刑事案件适用法律若干问题的意见》的规定，明知是电信网络诈骗犯罪所得及其产生的收益，通过使用销售点终端机具（POS 机）刷卡套现等非法途径，协助转换或者转移财物等五种方式转账、套现、取现的，需要与直接实施电信网络诈骗犯罪嫌疑人事前通谋的才以共同犯罪论处。因此，应当重点审查帮助转换或者转移财物行为人是否在诈骗犯罪既遂之前与实施诈骗犯罪嫌疑人共谋或者虽无共谋但明知他人实施犯罪而提供帮助。对于帮助者明知的内容和程度，并不要求其明知被帮助者实施诈骗行为的具体细节，其只要认识到对方实施诈骗犯罪行为即可。而这些主观的认知方面，需要我们结合犯罪嫌疑人的认知能力、既往经历、行为次数和手段、与他人关系、获利情况、是否曾因电信网络诈骗受过处罚以及是否故意规避调查等客观因素分析认定，从而形成包含主客观因素的完整证据链。

（二）违法性的审查

违法阻却事由包括法定的正当化事由（如正当防卫、紧急避险）以及超法规的正当化事由（如法令行为、被害人承诺、义务冲突等）。举个例子，如果行为人存在可能构成正当防卫的情形，我们需要分析该情形是否符合正当防卫的起因条件（面临的侵害具有不法性、客观性和现实性）、时间条件（不法侵害正在进行）、意思条件（防卫者是否具有防卫意思）、对象条件（防卫手段针对不法侵害人本人）、限度条件（防卫手段具有必要性和相当性）。如果行为人的行为同时具备正当化事由的构成要件，那么该事由阻却了不法条件，即行为人的行为不具备违法性，自然不能对其作出否定性的评价。

（三）有责性的审查

与违法性审查一样，在审查一个行为是否具有可谴责性的时候，要重点关注影响有责性认定事项判断的行为人责任能力认定、违法性认识、期待可能性等。刑事责任能力认定，我国刑法就刑事责任年龄即特殊人群的刑事责任做了规定，对行为人年龄的认定，刑法及相关司法解释有明确规定，存在疑点时也可通过司法鉴定，如骨龄鉴定等判断年龄，对特殊人群的刑事责任认定；如精神病人责任认定，需经过医学判断和法学判断相结合，由专家对精神病人进行精神病鉴定，司法人员结合鉴定意见作出最终判断。违法性认识则要求行为人对自身行为的违法性存在认识可能，否则不宜认定其行为构成犯罪，在诈骗犯罪及关联犯罪判断中，通常不会出现行为人缺乏违法性认识可能性的情形。所谓期待可能性，是指根据具体情况，有可能期待行为人不实施不法行为而实施其他合法行为，可结合行为人的供述、辩解及其他证据，审查行为人是主导地位还是从属地位，若是从属地位，以其具体处境判断行为人是否缺乏期待可能性。综合案件情况对行为人有责性进行判断，如不具备有责性，则无须承担相应的法律责任。

三、证据审查技巧

（一）利用图表审查

一是制作组织架构图。在电信网络诈骗案件中，犯罪成员一般人数众多，且内部有分工。在证据审查过程中，需要区分成员的角色，谁是组织领导者，是否有管理人员、是否有财务人员、是否有智囊团、是否有分组，谁负责物色目标提高诈骗对象的精准度，谁负责联系聊天诈骗，谁负责提供银行卡，谁负责取款，有没有后勤保障等。可根据分工列明组织架构图，方便直观区分众多人员在共同犯罪中所起的作用。也可以更直观地了解哪些人在案，哪些人不在案，有利于追诉漏犯。

二是制作资金流向表。资金流向对诈骗犯罪的认定和处罚尤为关键。电信网络诈骗资金流转通常会经过多个账户，诈骗分子一般会利用同一个银行卡接收多名被害人的资金，也可能对同一个被害人提供多个接收诈骗资金的账户，核查相对困难。可以制作资金流向表，查明资金流转情况，便于案情判断。可以通过银行卡信息、现场扣押资料、银行交易流水等列明诈骗分子作案时间段资金流水情况，核对流入资金账户信息，追溯被害人，结合微信、QQ 聊天记录，手机信息等确定被害人，制作资金流向表。

三是制作时间轴。电信网络诈骗常常是多人共同犯罪，行为人参与的时间各不相同，有些人后来加入，也有些人中途离开，行为人对其参与期间的诈骗数额承担责任。可以制作时间轴，各时间段诈骗资金流入情况一目了然，方便确定行为人应当承担的诈骗数额。

（二）反推审查

电信网络诈骗是诈骗罪中的一种，犯罪构成与诈骗罪一致，要认定构成犯罪必须符合犯罪构成。从犯罪构成出发，结合犯罪构成的要求，逐项核查案件中收集的证据，对比可以证明的事实是否与犯罪构成的要求一致，判断能否证明犯罪成立。即首先判断达到证据确实、充分的标准需要哪些证据，再反推在案证据是否符合这一标准，还缺哪些证据，能否继续补充缺失的证据。比如，行为人是否符合犯罪主体，是否收集了户籍资料、户口簿等；客观上行为人有没有实施诈骗行为或者帮助他人诈骗行为，主观上是否明知实施诈骗行为，本人是否供述，是否有同伙指证，是否有书证或者其他证据证明；参与实施诈骗的犯罪数额是多少，有多少被害人，有没有交易记录等。

将需要证明问题的相关证据归类分组，再对比证据之间是否有矛盾，是不是相互印证，能不能形成证据链条等，据以判断在案证据能否证明行为人构成犯罪。在确定犯罪构成之后还需要审查有没有责任阻却事由，有没有达到刑事责任年龄，是否已经过了追诉时效，犯罪形态是什么，是犯罪既遂、犯罪未遂还是犯罪中止。

（三）优先审查证据的关联性

电信网络诈骗案件往往犯罪嫌疑人、被告人人数多，卷宗中的证据材料多，可能存在一些关联性不足的证据，比如无关联的证人证言，无关联的勘验记录、鉴定等。为了节约司法资源，提升证据审查效率，可以优先审查关联性，如果一个证据不具有关联性，就没有再审查合法性、真实性的必要。因此，我们在证据审查的过程中，要学会抽丝剥茧，化繁为简。仔细分析证据的拟证明事实，纵向梳理犯罪的具体经过、犯罪时间、行为模式、因果关系和犯罪数额等，以及客观附随情况，横向比对不同证据之间的印证及冲突情况，通过单一关联证据形成完整证据链条，再通过证据链条的相互交织形成伞面支撑力，形成从点到面、从面到体的立体证据体系。判断关联性的一个重要依据是证据与待证明的事实之间是否存在内在的直接关系，在诈骗犯罪中常常出现犯罪嫌疑人处获取的银行卡号，存在多名被害人的报案被诈骗转钱到涉案银行卡，此时需要判断报案被害人是否被犯罪嫌疑人实施了诈骗，即是否存在关联性，可以从作案时间、作案方式、证据之间有无矛盾等分析证据关联性。比如确定被害人转账时间是不是在犯罪嫌疑人实施诈骗时间段内，犯罪嫌疑人所实施的诈骗方式是否与被害人被骗方式相一致，涉案银行卡是否由犯罪嫌疑人单独排他占用，犯罪嫌疑人供述及其他涉案证据是否与被害人陈述存在矛盾点等综合判断被害人是否与本案诈骗犯罪存在关联。

第三章

电信网络诈骗犯罪之社会治理

第一节　检察机关打击电信网络诈骗的主要做法

一、提高侦查取证的质量

为了严厉打击电信网络诈骗犯罪，有效保护人民财产安全和合法权益，检察机关通过在刑事诉讼过程中，全流程引导侦查机关取证，保证侦查取证的质量，提高办案效率。

（一）建立证据传导和共享的长效机制

1. 破除“各管一段”的流水作业模式

电信网络诈骗犯罪具有非接触式、隐蔽性、多变性等特点。为了提高证据质量，检察机关积极探索建立检察与侦查环节之间的证据传导和共享机制。因办案理念差异等原因，在具体案件中检察机关和侦查机关有时会对证据标准有不一致的理解。为了破解证据传导和共享难题，检察机关改变以往取证“各管一段”的流水作业模式，通过将审判环节的证据标准传导至侦查环节，提高取证标准。另外，电信网络诈骗犯罪案件涉及的电子数据较多，相较于其他刑事案件更容易产生证据内容被篡改、境外证据流转灭失等问题。为了对犯罪行为的指控具备更强的证明能力，侦查机关在侦查阶段的及时取证和程序的规范化，以及检察机关在起诉时与侦查机关实现证据传导和共享就显得十分必要。

2. 侦查监督、协作配合和提前介入同向发力

2021 年 10 月 31 日，最高人民检察院、公安部联合印发《关于健

全完善侦查监督与协作配合机制的意见》，搭建新的检警联系平台，大幅提升了办案质量。电信网络诈骗案件中常见的取证问题有：电子证据较多、诈骗手法层出不穷、使用工具新颖、作案方式隐蔽。前端取证行为的规范化，可以减少审查起诉阶段退回补充侦查和延长办案期限的情况出现，从而加快诉讼程序流转，还有助于克服侦查活动事后监督的局限，能够及时发现和纠正违法侦查行为，防范冤错案件，保障案件当事人的合法权益。具体做法有以下几点：

一是提前介入。检察机关根据《人民检察院刑事诉讼规则》，派员介入电信网络诈骗犯罪案件的侦查活动，参加案件讨论，对案件性质、收集证据、适用法律等提出意见，有效推动侦查取证的相关工作。为了更好实行全覆盖提前介入、全流程侦查监督、全方位协同配合，检察机关与公安机关联合制定侦协办双向列席有关会议制度、加强侦协办刑事拘留监督指导工作制度等，依托于这些行之有效的制度规范，双方在人员对接、会议准备、案件保密工作等方面工作准备充分，使提前介入工作迅速、顺利开展。

二是引导开展取证工作。检察机关开展提前介入工作，主要是引导侦查机关依法、及时、规范开展以下取证工作：全面、客观收集证明犯罪嫌疑人有罪或者无罪、犯罪情节轻重的各种证据；对侦查机关已收集的证据材料进行分析，对事实是否查清，证据是否确实、充分提出意见；对案件法律适用提出意见建议；对诉讼程序提出意见建议；对介入过程中发现的非法证据提出依法排除或者重新收集的意见建议，以及对瑕疵证据提出完善补正意见建议等。在办理重大、疑难、复杂的涉电信网络诈骗犯罪案件中，由于案卷数量多、涉及被害人人数多、犯罪所得转移的款项银行流水繁杂，检察机关提前介入案件就尤为必要，对案卷证据提前进行梳理总结，对侦查和审查都能起到事半功倍的效果。比如，广东省某市某区人民检察院与该地公安机关联合制定《提前介入引导侦查工作指引》，建立了公安民警和检察官直接沟通的机制，针对电信网络诈骗犯罪案件存在的主观明知认定难、网络证据收集固定难以及诈骗款项追缴难等问题，在侦查阶段重点引导公安机关侦查取证，提升办案质效。又如，甘肃省某市某县人民检察院办理的朱某等 12 人涉电信网络诈骗团伙犯罪一案，县人民检察院主动引导公安机关有序侦查，该案提起公诉后，法院一审认定公诉机关指控各被告人的罪名成立，分别判处被告人朱某、黄某、陈某等两年至十三年不等的有期徒刑。提前介入，不仅可以提高侦查机关取证的质量和效率，而且能为后续办案环节做足准备，有助于及时、准确地打击电信网络诈骗犯罪行为。再如，贵州省某市某区人民检察院通过提前介入电信网络诈骗及关联案件的侦查活动 40 余件，引导侦查机关及时收集、固定、完善证据，有效提升办案质效。

（二）斩断犯罪链条

电信网络诈骗犯罪分子利用非法获取的微信号、手机号码、身份证号码等个人信息实施犯罪，且犯罪形式复合化、黑灰产业境外化，犯罪链条不断延伸。由电信网络诈骗行为引发的侵犯公民个人信息罪，扰乱无线电通讯管理秩序罪，妨害信用卡管理罪，组织、运送他人偷越国（边）境罪，帮助信息网络犯罪活动罪，掩饰、隐瞒犯罪所得、犯罪所得收益罪等关联犯罪高发。检察官通过与侦查机关办案民警密切沟通，督促和引导侦查机关及时、准确、规范地查办案件。针对上下游犯罪提出引导侦查取证的建议以及对跨境案件证据的调查取证，分化、瓦解电信网络诈骗犯罪链条。比如，贵州省某市某县人民检察院提前介入覃某某等人电信网络诈骗案，针对卖卡、买卡、取钱套现及境外指挥者情况等全链条犯罪事实提出了详尽的侦查取证意见，侦查机关对照取证意见，逐一破解证据难题，使单一的证据形成完整的证据链条，最终侦破与该案相关联的犯罪。又如，某直辖市某区人民检察院围绕“抓金主、铲窝点、打平台、断资金”的目标，对重大疑难复杂案件提前介入，充分运用办案经验和利用电信网络犯罪产业分工、层级特点，将严惩中游主体网络犯罪和加强上下游犯罪的打击相结合，从多环节入手，引导侦查机关及时取证，拦截“信息流”，斩断“资金流”，检察机关深刻剖析案件中的关键证据，深挖背后的关联犯罪，有效遏制网络犯罪高发态势，通过在侦查前端强化引导取证，保证侦查活动的高质高效。

（三）追诉漏罪漏犯

随着电信网络诈骗涉“两卡”犯罪案件数量的持续攀升，检察机关办理的“两卡”案件中，抓获的大部分都是直接出租、出售银行卡的卡农，而背后的职业收卡、贩卡人员却极少到案，即使抓获卡头也可能出现遗漏涉案银行卡数量的问题。比如，广东省某市人民检察院办案人员在办理陈某某等人涉嫌掩饰、隐瞒犯罪所得案时，陈某某供述其经曾某某介绍向谢某某提供银行卡并帮忙取现，后检察机关针对陈某某及其他证人的笔录，引导侦查机关再继续侦查，将另一卡头谢某某抓获归案。根据电信网络诈骗犯罪的链条式、分层级的特点，利用不同层级之间的接触作为案件侦查的突破口，将整个犯罪链条一网打尽。又如，广东省某市人民检察院办理的王某某等 9 人侵犯公民个人信息，掩饰、隐瞒犯罪所得案中，有两名犯罪嫌疑人确实参与该团伙帮忙转移钱款，但经两次退回侦查机关补充侦查，仍无法查实该两名犯罪嫌疑人转移的钱款是否有涉诈被害人的被诈骗款。检察机关通过梳理涉案银行卡交易流水，发现其中有大部分转账来自几个相同的账户 A、B、C，并让侦查机关补充证据确认 A、B、C 的账户是诈骗分子用于接收赃款，进而顺着梳理转入 A、B、C 账户的流水发现了新的涉诈被害人，后引导侦查机关补充新的涉诈被害人的相关材料，最终对该团伙的 9 人全部提起公诉。

（四）主动开展自行补充侦查

检察机关自行补充侦查权是法律赋予的一项法定权力，是检察机关履行法律监督职能、依职权查明刑事犯罪案件事实的主动性权力。以审判为中心的刑事诉讼制度改革，要求检察机关探索强化以证据为核心的刑事指控体系建设，而自行补充侦查对于检察机关扎实做好证据补强具有重要作用。比如，某区人民检察院办理的肖某某等人涉嫌帮助信息网络犯罪活动案中，肖某某等人向他人提供共计 6 张银行卡用于走账，涉案银行账户中接受资金共计 160 万余元。到案后，肖某某等人拒不供述上述事实，否认主观明知，并提出在共同犯罪中起次要、辅助作用的辩解。检察机关收到案卷材料后，主动开展自行补充侦查工作，在检务保障部信息技术创新实验室团队的协助下，结合在案证据准确认定肖某某等人主观明知他人利用信息网络实施犯罪。通过技术手段恢复相关信息，调取海量电子数据仔细核实，还原肖某某等人提供银行卡的经过，发现肖某某等人在明知提供银行卡可能用于非法活动，且在有异常高价报酬的情况下，仍提供上游所要求的银行卡。又如，某区检察院办理的程某等 98 人跨境电信网络诈骗案，该案中诈骗团伙分为 17 个诈骗小组，内部层级由上而下分为五级，该案犯罪链条长、诈骗范围广、涉案金额多，且存在境外调查取证的客观困难。检察机关通过自行补充侦查，先后监督立案 65 人，均被法院以诈骗罪判处有期徒刑，并处罚金。

二、统一执法尺度

电信网络诈骗犯罪呈现明显的团伙化、链条化特征，涉案人员较多，各层级人员都有，其地位作用也不尽相同。在整个犯罪团伙、犯罪链条中全面甄别和评估其层级地位及作用大小，充分运用分层处理办法准确定性，确保罪责刑相适应。适时出台打击电信网络诈骗犯罪的办案指引和典型案例，发挥案例指导作用，统一司法标准。围绕案件办理中的重点难点，制定规范性文件，推动法律适用标准的精细化，公安机关、检察机关与审判机关保持密切沟通，统一掌握执法尺度，实现同案证据共享、证据标准一致、量刑尺度统一。

（一）提升办案的精度

检察机关在办案过程中，对于在犯罪集团中起组织、指挥作用的“总监”级别被告人，应认定为主犯，对全案的犯罪行为负责，从严从重惩治；对于“经理”以下级别的被告人，一般应认定为从犯，并结合其犯罪时间、被害人人数、具体诈骗数额、认罪认罚、退赔退赃等情况，在案件办理过程中分别处理；对于其中参与时间短、主动退赔、具有自首、立功情节的犯罪嫌疑人，可以依法决定不起诉。检察机关以认罪认罚从宽制度为抓手，准确适用法律和司法解释，做到案件定性准确，量刑建议恰当；通过与审判机关就新型犯罪的刑事政策、法律适用、量刑规范进行沟通并达成共识，统一执法尺度，提升打击精度。

针对电信网络诈骗犯罪有损害国家利益、社会公共利益的行为，检察机关依法提起刑事附带民事公益诉讼，维护国家、社会、集体利益，强化协调配合，促进行刑有效衔接。打击电信网络诈骗关联犯罪时，检察机关坚持罪责刑相适应的原则，以事实为依据，打击面不能过广，对部分确实基于朋友信赖关系等原因，偶尔一次出租、出借其银行卡的卡农，应当审慎认定其主观明知；对于案件中部分涉案人员的犯罪情节轻微或涉案金额未达到追诉标准的情况，该不捕不诉，则不捕不诉。如某区人民检察院办理电信网络诈骗犯罪案件时，始终坚持宽严相济的刑事政策，办案中做到当宽则宽、该严则严，对有组织、成团伙、长期有预谋的电信网络诈骗犯罪案件，全链条打击，从严处理；对犯罪情节轻微、系初犯、偶犯的行为，从轻处理。人民检察院对不予起诉的涉案人员，均通过制发检察意见书的方式移交公安机关进行行政处罚，做到既从轻办理，又非不诉了之。

（二）提升办案专业化水平

1. 坚持质量和效率并重

检察机关在办理电信诈骗案件时，根据最高人民法院、最高人民检察院、公安部、工业和信息化部、中国银行业监督管理委员会[①]《关于防范和打击电信网络诈骗犯罪的通告》的要求，对电信网络诈骗犯罪坚持做到“三个一律”，即一律依法快捕快诉；一律组成专班集中办理；对重点整治地区，一律加大源头治理和综合治理的力度。检察机关有效缩短审查逮捕和审查起诉办案期限，在最短时间内办结涉电信网络诈骗案件，既有利于对抓获的犯罪分子进行制裁，严厉打击犯罪分子的嚣张气焰，也有利于震慑正在实施、准备实施电信网络诈骗的违法犯罪分子，形成全社会打击电信网络诈骗犯罪的高压态势。

近年来，检察机关推动打击和预防网络犯罪力度持续增强，针对电信网络诈骗犯罪的特点，坚持全链条全方位打击，坚持依法从严从快惩处，实现“快侦查、快提捕、快起诉、快审理”，形成打击防范电信网络诈骗的司法合力。检察机关针对电信网络诈骗及其关联犯罪从速办理，实施受理一批、快速起诉一批、总结一批类案经验的方式来加快诉讼流程。检察机关注重运用大数据收集研判犯罪态势，通过数据采集、整理、分析、发掘、应用，着力解决司法办案中证据收

① 2018 年 3 月，中国银行业监督管理委员会被撤销。——编者注

集、审查认定等难题。如 2023 年以来，某县人民检察院成立速裁办案团队，共办理涉电信网络诈骗案件 29 件，办案期限大幅缩短，审查逮捕案件平均缩短 3 天，审查起诉案件平均缩短 8 天。

实行快捕快诉，不能以降低案件证据标准为代价。检察机关在案件受理后遇到需要补充证据的情况，能够及时制发调取证据材料通知书，督促侦查机关迅速补充。

2. 组建专业化办案团队

电信网络诈骗及其关联犯罪仍持续高发，在对相关的案件数量、案件复杂程度充分调研的基础上，部分地区的检察机关组建专门的办案团队，完善案件分层处理机制，实行繁简分流。对于简单的案件批量处理；对于重大疑难复杂案件，整合办案力量，抽调检察业务骨干成立办案专班，集中力量攻坚克难，为常态化打击电信网络诈骗犯罪提供扎实保障。

特别是随着电信网络诈骗犯罪方式的不断更新，不但要在检察机关组建专门的办案团队，还要跨院际、跨层级组建网络犯罪专业化办案团队，以加强对新型、疑难复杂案件的研究和办理。在加强理论研究、依法惩治犯罪的同时，检察机关还积极参与网络综合治理，推动行业乱象整治，强化网络犯罪源头防控，建立内部信息共享、犯罪线索移送、快速应对处置机制，联动净化行业生态。

三、坚持教育与惩罚并行

针对近年来电信网络诈骗犯罪活动高发的问题，检察机关在办理电信网络诈骗案件中坚持教育与惩罚并行。

（一）该严则严，当宽则宽

电信网络诈骗犯罪与普通诈骗犯罪相比，往往呈现出较强的犯罪集团性、跨地域性。与此同时，犯罪所得经过银行卡多重流转，作案手段隐蔽性更强，证据收集难、破案难度大，涉案金额往往达到数十万甚至上百万元人民币，严重危害经济秩序和人民群众生命财产安全，部分群众甚至遭到境外诈骗团伙引诱偷渡他国实施电信网络诈骗行为，对我国形象造成负面影响，甚至成为境外敌对势力对我国进行舆论攻击的焦点。在国家利益、人民安全遭受严重威胁之际，检察机关坚决贯彻落实习近平法治思想，坚持该严则严，当宽则宽，推动彻底清除电信网络诈骗违法犯罪，打赢反电信网络诈骗专项斗争。

1. 从严惩治首犯主犯

实践证明，在犯罪过程中起主要作用的、在诈骗集团中负责组织管理的、具有累犯、前科等劣迹的犯罪嫌疑人再次犯罪的可能性较大。检察机关依法对电信网络诈骗犯罪行为从严惩治，尤其是对犯罪集团中的骨干分子、幕后金主进行深挖彻查，将犯罪源头连根拔起，坚决予以从重、从严惩处，打压犯罪分子嚣张气焰、遏制电信网络诈骗黑灰产业滋生土壤，实现以严厉打击促进电信网络诈骗犯罪预防和治理的目的。2018 年至 2022 年，全国检察机关深挖严惩电信网络诈骗犯罪的幕后金主、团伙骨干，共起诉 19.3 万人。在某省检察机关起诉的一件涉跨国犯罪集团电信网络诈骗案件中，涉案金额高达 1.2 亿元，检察机关以高度的责任感，查清案件事实，对首要分子、骨干人员提出依法从重的量刑建议，有 12 名骨干分子被判处十年以上有期徒刑。[①] 这充分体现检察机关贯彻落实宽严相济刑事政策，对电信网络诈骗犯罪分子形成有力震慑。

---

① 《最高人民检察院工作报告（第十四届全国人民代表大会第一次会议）》，载最高人民检察院官网，https：//www.spp.gov.cn//gzbg/202303/ t20230317_608767.shtml。

2. 进行全链条打击

随着互联网技术的日新月异、快速发展，电信网络诈骗犯罪分子的作案手段花样翻新。检察机关的办案范畴逐渐放大拓宽到深入发掘上下游犯罪线索上来，实现全链条打击犯罪，促进电信网络诈骗源头治理。2018 年至 2022 年，全国检察机关起诉的非法买卖电话卡和银行卡、提供技术支持、帮助提款转账等犯罪人数从 137 人增至 13 万人，足足增长了 948 倍。检察机关对于不构成电信网络诈骗罪共犯的涉案人员，并没有选择一放了之，而是全面审查在案证据、查实犯罪事实，达到犯罪事实清楚、证据确实充分的起诉标准时，以掩饰、隐瞒犯罪所得及其收益罪，帮助信息网络犯罪活动罪等涉“两卡”犯罪罪名向审判机关提起公诉。为严厉打击帮助上游电信网络诈骗犯罪转移犯罪所得，以掩盖资金去向、阻碍侦查，实施非法出租、出售电话卡、银行卡的行为，最高人民检察院会同最高人民法院、公安部等多部门在全国范围内开展“断卡”行动，对涉“两卡”犯罪开展专项打击治理工作，实现对电信网络诈骗犯罪及其关联犯罪进行全链条打击。

3. 实行捕诉一体办案机制

司法体制改革以来，检察办案模式由捕诉分离向捕诉合一转变，进一步提升办案效率。检察机关撤销原来的侦查与监督部门和公诉部门，按照案件类型重新组建专业化刑事办案机构，分别负责普通犯罪、重大犯罪、职务犯罪、经济犯罪案件的办理工作，实现集中专业办案人才，高效办理同类案件，推动刑事检察业务更加专业化、高效化。通过实行落实捕诉一体办案机制，统筹整合不同领域、不同专业的刑事检察办案力量和资源，使检察机关打击犯罪时更好“对症下药”，在惩治犯罪的同时，充分发挥专业办案部门职能作用，进一步强化社会治理，使办案效果最大化，而不仅限于“就案办案”。

4. 确保罪责刑相适应

电信网络诈骗犯罪的组织领导者、首要分子、骨干人员在整个犯罪链条中起到重要作用，是诈骗全过程的实际推手，检察机关坚持严厉打击、从重惩治。对于部分涉案时系未成年的犯罪嫌疑人，其在整个犯罪链条中起到次要作用，检察机关依法从轻处理，坚持惩治和教育并举，促进未成年人及时改过、重新回归社会。检察机关通过对全链条电信网络诈骗犯罪行为的深入追查和挖掘，精准把握宽严相济刑事政策，从犯罪嫌疑人的人身危险性、行为的社会危害性、涉案受害人数量、涉案金额、犯罪嫌疑人认罪悔罪的态度、犯罪嫌疑人退赃退赔情况等多方面综合考虑，公正准确地对犯罪嫌疑人的行为进行法律定性，据此提出与其罪行应受刑罚惩罚性相适应的确定刑量刑建议，确保所施加的惩罚与犯罪行为相匹配。

对于初次涉案、不慎失足充当电信网络诈骗犯罪上游犯罪分子手下“棋子”的未成年人，综合考虑其年纪尚轻，世界观、人生观、价值观尚未完善的因素，检察机关坚持依法采取相对宽大的处理方式，以实行教育、感化为主要目的，积极施加引导和教育，引导他们改过自新，重新融入社会。① 如广东省某市人民检察院办理的全某某涉嫌掩饰、隐瞒犯罪所得罪一案，犯罪嫌疑人全某某作案时未成年，具有自首、认罪认罚、积极退赃等情节，在考验期内能够遵守法律法规、服从监督，按时接受矫治和教育，积极参加公益活动，故在听取受害人的意见后，依法对其作附条件不起诉处理。

学生对社会接触不深、经验不足，对电信网络诈骗犯罪的认识较为欠缺，容易被电信网络诈骗犯罪分子欺骗。如黄某、张某等跨境电

---

① 《省检察院发布 2021 年以来打击治理电信网络诈骗犯罪工作情况》，载澎湃新闻网 2022 年 6 月 10 日，https：//m.thepaper.cn/baijiahao_18516872。

信网络诈骗案中，部分犯罪嫌疑人是刚出校门的毕业生，一般都求职心切，考虑到其主要以就业兼职为目的，犯罪层级较低、参与时间不长、非法获利较少，检察机关依法提出宽缓的量刑处理意见。在吴某某、赵某帮助信息网络犯罪活动罪一案中，对于犯罪数额相对较小、具有自首情节的赵某依法作出相对不起诉决定，而对于具有专门提供银行卡给他人使用等情节的吴某某则依法提起公诉。[①] 检察机关对犯罪集团、犯罪团伙的组织者、策划者、指挥者和骨干分子，以及利用未成年人、在校大学生实施犯罪的人员，则要从严惩治，起到警示和威慑作用。

（二）精准预防与一体化治理相结合

在打击电信网络诈骗犯罪时，检察机关强化部门协作和行刑衔接，多管齐下，实现罚当其罪。对于犯罪情节较轻依法不追究刑事责任的，检察机关督促相关行政部门依法及时惩戒，让违法者承担应有的法律责任，受到警示教育，同时也向社会传递依法从严惩处涉"两卡"犯罪、遏制电信网络诈骗犯罪高发多发势头的立场。如最高人民检察院发布的吴某豪等 9 人掩饰、隐瞒犯罪所得案中，[②] 犯罪嫌疑人吴某豪等人是在校学生，为牟取非法利益向上家候某、杨某辉各出售一套银行卡资料，以供候某、杨某辉实施诈骗。2020 年，侦查机关分别以候某、杨某辉涉嫌诈骗罪，吴某豪等 9 人涉嫌掩饰、隐瞒犯罪所得罪向属地区人民检察院移送起诉。检察机关主动与涉案学生所就读的位于外省的学校强化沟通联系，了解涉案学生的在校表现、与校方

---

① 《五华检察多措并举打击电信网络诈骗犯罪，切实守护人民群众"钱袋子"》，载昆明市五华区人民政府官网，http：//www.kmwh.gov.cn/c/2022-12-02/6354070.shtml。

② 《在校学生涉"两卡"犯罪典型案例》，载最高人民检察院官网，https：//www.spp.gov.cn/xwfbh/dxal/202106/t20210623_522118.shtml。

共同开展帮教工作，最终所在学校对其中 7 名涉案学生保留学籍，有 3 名涉案中专生顺利升为大专生。当地检察机关积极做好反诈的“后半篇”文章，以个案办理推动类案治理，搭建检校沟通协作平台，面向本地数万名高校师生开展线上反“两卡”犯罪法治宣讲活动，通过分析海量个案中受害人上当受骗的原因、诈骗分子套路的不合理之处，进而告知师生依法享有的诉讼权利、权利被侵犯时救济的手段等，真正做到强化社会面反诈宣传，营造全社会浓厚反诈氛围，形成打击和预防犯罪合力，达到“办理一案，治理一片”的效果。

四、强化追赃挽损

电信网络诈骗犯罪时空跨度大，波及人数多，给人民群众造成巨额财产损失。检察机关在依法严惩犯罪分子的同时，坚持尽最大努力挽回被骗群众的经济损失，切实维护群众合法权益。在办案过程中，积极为被骗群众挽回经济损失，一方面是在引导公安机关取证时，督促公安机关追查、核实去向不明的涉案财产；另一方面做好对犯罪嫌疑人的释法说理工作，引导犯罪嫌疑人积极主动退赃退赔。

（一）追赃挽损与认罪认罚工作相结合

1. 落实认罪认罚从宽制度

在我国，认罪认罚从宽制度是在宽严相济刑事政策的背景下，在司法实务中开展试点，进而全面展开的一种创新的司法制度。认罪认罚从宽制度是基于犯罪嫌疑人、被告人的认罪认罚而获得宽大处理的制度，它属于刑法中量刑的从宽制度，同时也是刑事诉讼中程序的从简制度。认罪认罚从宽是我国刑事诉讼法的基本原则，它贯彻于刑事诉讼的各个阶段。认罪认罚从宽的制度重心在审查起诉阶段，从某种程度上来看，检察机关在认罪认罚案件中起主导作用。如广东省某市人民检察院在办理曾某某掩饰、隐瞒犯罪所得案期间，依法告知曾某某，根据法律规定退赃退赔可以酌情从宽处理。后曾某某向广东省某市人民检察院退缴违法所得并赔偿两名受害人共计 3 万多元的损失，承办检察官根据案件的犯罪事实、犯罪情节等，对该案依法适用认罪认罚从宽制度，犯罪嫌疑人得到从宽处理。为诉讼全流程顺利开展追赃挽损工作，针对侦查机关查封、冻结、扣押涉案财物不及时、对犯罪嫌疑人退赃退赔工作不重视等普遍存在的问题，检察机关通过向有关部门制发检察建议以强化电信网络诈骗案件追赃挽损的效果。

2. 探索赔偿协商的有效尝试[①]

近年来，随着电信网络诈骗犯罪频发，犯罪分子线上利用互联网金融，线下利用信用卡“跑分”、取现等方式相结合，使得电信网络诈骗资金去向复杂，追赃挽损工作推进较为困难。随着认罪认罚从宽制度的推进，犯罪嫌疑人通过赔偿协商，取得电信网络诈骗受害人的谅解，获得从宽处理的条件，成为电信网络诈骗案件追赃挽损的一个有效尝试。

人民检察院提出量刑建议前，应当充分听取犯罪嫌疑人、辩护人或者值班律师的意见，尽量协商一致。[②] 在电信网络诈骗案件中，加害人与受害人之间的赔偿谅解协商，是被追诉人获得大幅度从宽处理的重要条件之一。

检察机关通过综合考量犯罪嫌疑人退赃退赔的意愿、能力、数额等情况，将此作为判断犯罪嫌疑人是否真诚悔罪、自愿认罚的重要标准，督促其主动退赃退赔。对于拒不退赃退赔、有退赔能力但退赔

---

① 参见周子简、王冠、蒋洁等:《追赃挽损在防范化解金融风险中的作用与途径：以上海地区检察工作实践为视角》，载《犯罪研究》2021 年第 3 期。

② 参见韩旭:《认罪认罚从宽制度中的协商问题》，载《法学论坛》2022 年第 6 期。

数额明显偏少的，依法从严处罚。如某区人民检察院办理的“五朵金花”“红房子”犯罪集团电信网络诈骗案件中，为了最大限度挽回受害人损失，检察官将追赃挽损与认罪认罚适用、量刑建议相结合，向涉案被告人开展释法说理，在与法院的共同努力下，为受害人挽回损失 138 万余元，对相关犯罪嫌疑人予以从宽处理。

（二）加强部门联动

1. 多部门联动追赃挽损[①]

检察机关通过与公安机关、法院等建立重大案件会商机制，在制度建设、信息交流、证据标准等方面形成长效合作机制。完善追赃挽损协调机制，努力为受害人挽回经济损失。检察机关主动加强与金融、电信、市场监管等职能部门以及互联网企业的常态化联系和实质性协作，督促落实监管、监测、提醒责任，推动形成惩治网络犯罪的系统合力。如某地检察机关在审查过程中发现线索，查明财务人员赵某某名下的房产实为主犯王某出资和实控，依法将该房产纳入处置范围，经司法拍卖追赃 1538 万余元。经两级检察机关历时三年不懈努力，将受害人损失 5538 万元全部追回，追赃挽损效果显著。

2. 多方式追赃挽损

虚拟货币因具有支付工具属性、匿名性、难追查等特征，往往被电信网络诈骗犯罪团伙利用，成为非法跨境转移资金的工具，严重危害正常金融秩序，影响案件侦办和追赃挽损工作开展。如山东省某市人民检察院办理的罗某杰利用虚拟货币为境外电信网络诈骗团伙跨境转移资金案。公安机关以罗某杰涉嫌诈骗罪移送起诉，因移送的证据难以证明罗某杰与上游诈骗犯罪分子有共谋，检察机关以掩饰、隐瞒

---

① 参见《检察机关依法惩防诈骗犯罪推动源头治理》，载最高人民检察院官网，https://www.spp.gor.cn/spp/xwfbh/wsfbh/202305/t20230506_613165.shtml。

犯罪所得罪提起公诉，同时开展自行补充侦查，进一步补充收集到罗某杰与诈骗犯罪分子事前联络、在犯罪团伙中专门负责跨境转移资金的证据，综合全案证据，认定罗某杰为诈骗罪共犯，变更起诉罪名为诈骗罪。最终，审判机关以诈骗罪判处罗某杰有期徒刑十三年。

电信网络诈骗收款账户中，往往有多种资金来源，部分钱款经查证属实系电信网络诈骗所得赃款，但因资金混同或经多级账户转入无法区分等，难以判定该账户内资金的具体归属，无法一一对应到具体受害人，导致无法全部认定为诈骗所得。个案中还衍生出“黑吃黑”行为导致赃款追缴难、一卡被多个公安机关冻结的异地协同难等问题，需要公检法机关各方在具体办案中妥善协商处理。

五、推动数字赋能

由于大数据科技飞速发展带来极大便利，群众日常生活中离不开手机和网络，对移动支付等信息化产品具有较大依赖性。犯罪分子便利用这点，将刷单、投资、网络兼职等广告精准投放到网络用户面前。因此，检察机关依托大数据强化办案工作信息化建设，以数字检察技术挖掘上下游犯罪线索成为对此类犯罪更加有效的打击手段。

（一）以数字技术提升犯罪线索发现效率

在数字检察战略的引领下，检察机关立足当前，着眼长远，与时代发展同步，紧跟科技潮流、勇于创新，以发展数字检察技术为新思路，提升犯罪线索发现效率，由被动接受案件线索转化为主动筛查数据发现，由纸上审阅书面案件证据材料转变为局域网内的信息共享和碰撞，将现代化科技与检察办案工作深度融合，进一步拓宽电信网络诈骗上下游犯罪的线索发现渠道。

进入新时代后，人民群众的生活质量提高，对社会治理水平的要求也逐步提升。为了满足人民日益增长的美好生活需要，检察机关迫切需要寻找新的方向提升检察办案、线索发现和数据分析质效，以案促治。数字技术以大数据、计算机、云计算等新时代信息化技术手段，以数字检察进行大数据法律监督的基本模型可分为以下步骤：梳理个案中的共性特征和普遍存在问题—建立解决问题的监督模型—运用模型开展大数据碰撞、比对和分析得出线索—核实线索开展类案监督。[①] 通过运用大数据，改变以往违法犯罪线索的发现模式，能够通过可参考、可复制的路径在较短时间内收集到较多线索，提升线索收集效率，有利于检察机关针对收集线索中发现的社会行业治理问题向行业主管部门制发检察建议，督促其高效履职尽责。

（二）以数字技术优化检察履职路径

1. 用数字技术优化升级办案工具

“工欲善其事，必先利其器。”检察机关在办理案件过程中，也要通过不断优化升级办案工具以提升工作效率。自全国检察机关统一业务系统 1.5、全国检察机关统一业务系统 2.0 投入使用以后，检察机关刑事部门办案人员可以在业务系统上进行业务数据分析、审阅电子卷宗证据材料、完成法律文书电子审批程序等操作，促进案件高效流转。案件管理部门对办案部门进行流程监控，对于未依法依规定及时进行程序流转和文书制作的办案组，及时提醒或制发《流程监控通知书》以实现监督办案过程、提升办案质量的目的。以全国检察机关统一业务系统为基础，在促进打击电信网络诈骗犯罪的同时，提升司法办案效率，推进检察办案工作现代化建设，全国各地检察机关开展了对检察业务系统和新平台、新功能的积极探索和开发实践，推动司法

① 贾宇:《数字检察办案指引》，中国检察出版社 2023 年版，第 6 页。

职能延伸。

2. 通过数字建模深挖案件线索

数字建模工作以大数据赋能法律监督，更高效地履行好法律监督职责，成为推动电信网络诈骗现代化治理的持续助力。检察机关办理的电信网络诈骗案件数量较大，可能从个案引发“连锁反应”，对类案普遍存在的法律监督问题进行梳理，构建内部联络机制，加强与技术部门的协作，推动数字模型实际应用。如广东省某市人民检察院积极探索形成数字模型构建思路，并确定专门工作人员与上级人民检察院对口部门对接，为数字检察工作提供问题和工作反馈，持续加强大数据法律监督模型探索与实际运用。其通过构建链条式犯罪漏罪监督模型，在通过抽取检察办案系统上的链条式犯罪案件中犯罪嫌疑人的身份信息、上线身份信息、下线身份信息等数据进行碰撞，及时发现了办案人员存在的漏罪情况并向公安机关制发《调取证据材料通知书》，补充证据核实清楚漏罪漏犯的犯罪事实，据此依法追诉漏罪漏犯。在新时代背景下，数字建模为检察履职效果和履职领域提出了视野放宽、领域放大的新方向。检察人员不仅可以在办理刑事案件中积极寻找和发现犯罪线索，也可以通过民商事、行政案件领域开展犯罪溯源和数字检察建模工作。

3. 推动数字检察技术在打击电信网络诈骗犯罪领域投入运用

全国各地检察机关在“空壳公司”案件等电信网络诈骗领域开展的大数据法律监督，牢牢把握住“数据”这一关键要素，依托“大数据法律监督平台”，发现并查实一批法律监督线索，这并不局限于就案办案的思维，而是经过总结提炼，联合有关部门出台文件，形成优秀经验在各地推广，推动数字检察技术在打击电信网络诈骗犯罪领域投入运用，实现“一地突破，全域共享”。[①] 如在收集数字模型使用所必需的数字信息源上，北京市昌平区人民检察院制定《涉“两卡”犯罪案件身份信息强制登记工作指引（试行）》，从规范数据采集人员、手段等方面入手，为必要信息收集提供具体制度遵循，推动其标准化、规范化。

（三）打通数据信息壁垒，推动政法协同办案平台

在互联网飞速发展的大数据时代，要特别注重数据赋能，推动建立数据内外部共享互通。检察机关在充分挖掘检察内部数据，不断发现监督办案线索的同时，积极协同多部门打通数据信息壁垒，推动政法协同办案平台，实现部门信息互联互通，有效解决协作配合中的难点、堵点，破除“信息孤岛”难题，推动执法、司法多部门数据大融合。数字模型主要运行原理为贯通数据库、进行要素碰撞，从而找出异常数据。[②] 部分数据未记载在业务数据系统中，需要人为统计计算，一些数据不仅依靠检察业务系统内部办案数据，也依靠其他部门的数据信息支持。如在建立的监督撤案数字模型中，需要强化与公安机关的沟通交流，以及时获取公安立案侦查案件数据。依托电信网络诈骗犯罪整治领域专门法律，检察机关全面推进落实源头管控，进一步强化和其他部门如公安机关、审判机关的沟通联系，完善联络机制，在利用现有数据资源的同时，加强政法部门之间的沟通联系与协作配合，拓宽打破信息壁垒、提升数字检察模型适用的深度和广度。[③]

由于电信网络诈骗犯罪案件依托互联网、计算机、通讯软件、移动支付手段等电子技术特征明显，犯罪主体呈现集团化、年轻化、跨

---

① 贾宇:《数字检察办案指引》，中国检察出版社 2023 年版，第 139—149 页。

② 《锚定目标向“数”而行——海南州检察院召开构建数字检察模型进展汇报会》，载腾讯网，https：//new.qq.com/rain/a/20230614A08I4Y00。

③ 《以数字检察赋能法律监督推进检察工作现代化》，载最高人民检察院官网，https：//www.spp.gov.cn/spp/llyj/202307/t20230701_620337.shtml。

境化特征，追溯上游诈骗犯罪侦查取证难度极大。加入数字检察建模辅助，将有效提升发现电信网络诈骗犯罪的共同特征，进而为打击和治理上游犯罪提供更快、更高效的线索发现路径。

第二节　反电信网络诈骗社会治理体系化建设路径

一、反电信网络诈骗社会治理体系化建设

（一）坚持齐抓共管、群防群治，打造反诈共同体

齐抓共管、群防群治是指在各级党委、政府领导和专门机关指导下，各行各业各地群众通过多种方式自行组织起来，整合最广泛的社会主体、调动最广泛的社会资源预防和治理违法犯罪活动，维护所在地区或所在单位治安的一种活动，已经成为我国社会治安综合治理长期坚持的一项重要工作原则。目前，电信网络诈骗现象猖獗，严重影响社会稳定和发展，不再是单纯的刑事犯罪问题，而是上升至社会治理难点、痛点问题，仅依靠司法机关的有限力量无法推进相关问题源头治理，必须坚持齐抓共管、群防群治，形成由各级党委和政府组织领导、公检法机关和有关政府部门履职实施、“通信”“金融”“互联网”等机构共同参与的反电信网络诈骗工作机制。

1. 建立健全“跨界合作平台＋联席会议制度”

2015 年 6 月，国务院建立由公安部牵头、23 个部门和单位参与的“国务院打击治理电信网络新型违法犯罪工作部际联席会议制度”，为促进各联席会议单位紧密协作、综合施策提供了制度保障。

各地认真贯彻部际联席会议精神，联合当地相关部门和机构建立了联席会议制度，推动地方反诈工作系统治理。各地在司法实践中，落实齐抓共管、群防群治的要求，积极扩大联席会议平台成员单位数量，逐渐涵盖政府职能部门、镇街、银行金融机构、三大通讯服务商、互联网服务平台等。从实践来看，“跨界合作平台 + 联席会议制度”是保证协同治理切实落到实处的有效模式，重点是打造公安、金融和电信网络防控的“铁三角”[①]。如深圳市在全国首创跨界合作平台，在市委领导下，建立由公安局牵头、相关部门参加的反信息诈骗犯罪专项行动领导小组，领导小组下设办公室。办公室设综合保障、防范宣传、合成打击、电信网络工作协调、银行工作协调等 5 个工作小组。[②]

2. 因地制宜出台《打击治理电信网络诈骗工作方案》

联席制度的建立是为了推动反诈责任层层传导，层层落实，而相关工作方案的出台，是为了贯彻联席制度要求，结合成员单位工作职责，细化明确治理任务。如重庆市南岸区出台了《南岸区打击治理电信网络诈骗宣传防范方案》，为成员单位量身定制操作性强的任务清单，细化 100 余项工作任务，实施清单式推进，并纳入平安建设年度考核，出台实施意见、宣传方案、督检方案、任务分解表等系列配套制度，推动打防管控各项措施落到实处。[③]

---

① 袁广林、蒋凌峰:《基于公共治理理论的电信网络诈骗犯罪多元共治》，载《中国刑警学院学报》2019 年第 1 期。

② 孙沛斌:《深圳市电信诈骗协同治理机制研究》，深圳大学 2017 年硕士学位论文。

③ 张树金:《创新基层社会治理构建“全民反诈”新格局——以重庆市南岸区打击治理电信网络诈骗犯罪实践为例》，载《重庆行政》2021 年第 6 期。

（二）凝聚共识、强化协作，形成打击合力

1. 加大公检法机关对电信网络诈骗犯罪的刑事打击力度

首先，公安机关要牵头负责反电信网络诈骗工作，充分发挥主体作用，协调各方资源，提高治理效率。积极争取党委、政府的支持，在辖区内开展“打本地窝”“打黑灰产”“打两卡”等专项行动。依法开展案件侦查工作，统筹协调反诈中心、网安、刑侦、经侦等各种警力资源，全力打好反诈攻坚战，坚持做到“逢案必侦”。强化案情研判和归纳总结，及时发现违法犯罪共同性、苗头性、倾向性问题，确保做到“露头就打”。坚持以信息科技赋能侦查工作，提高侦查工作效率和智能化水平，尽力做到案件“快侦快破”。建立健全跨境警务合作机制，着力克服跨境联合执法、保护海外中国公民权益、信息情报共享、境外证据获取、跨境追逃、遣返与追赃挽损等方面存在的困难。

其次，检察机关要发挥法律监督职能，助力提升案件办理质量。依托“侦查监督与协作配合办公室”，做好案件提前介入工作。尤其是电信网络诈骗案件多为团伙作案，因具有犯罪事实多、被害人多、作案时间跨度大、案卷证据庞杂等特点，应发挥提前介入制度优势，主动与公安机关就调查取证等问题进行深入交流，参与分析案情，适时引导公安机关快速开展侦查活动，及时全面地收集固定证据，准确定性定案。建立优先办理、快速办理机制。开设办理电信网络诈骗犯罪案件绿色通道，依托电信网络诈骗犯罪案件优先办理、快速办理机制，秉承快、狠、准原则，集中力量，在确保案件质量的前提下做到快速阅卷、快速提审、快速审结，实现快捕快诉，凸显打击整治成效。同时强化宽严相济刑事政策的适用，对于如实交代犯罪事实、认罪态度诚恳的犯罪嫌疑人，结合人身危险性、行为的社会危害性综合

考虑，决定不捕或不诉处理。坚持刑事检察与公益诉讼检察“双轮驱动”，着眼于“个人信息保护”“反电信网络诈骗”等公益诉讼法定领域，针对诈骗分子获取个人信息实施电信网络诈骗及其关联犯罪，侵害众多个人的信息权益的，以及诈骗行为侵害国家利益和社会公共利益的，检察机关可以依法提起公益诉讼，请求行为人承担赔礼道歉、消除危险、恢复原状、赔偿损失等民事责任，补足刑事诉讼在受损法益恢复方面的有限性。

最后，法院作为审判机关，应当坚持“从严、从重、从快”的方针，依法严惩电信网络诈骗及其关联犯罪。在审理涉电诈犯罪案件时，除了依法判处被告人自由刑之外，建议加大对附加财产刑的适用力度，提高违法犯罪成本。全力做好涉案财产的追查清缴工作，对确定为违法犯罪所得的，应及时采取拍卖、收缴、冻结等措施，预防犯罪分子再次犯罪。结合“公开审判”“庭审旁听”等制度，让被告人在众目睽睽之下接受审判，强化法律惩戒效果，同时有助于提升公众对电信网络诈骗犯罪的知晓度，从而达到“审理一案、教育一片”的宣传教育效果。

2. 强化公安机关与电信、金融、互联网等经营机构间的协作联动

电信和金融行业前期在监督管理方面存在的漏洞为电信网络诈骗犯罪多发埋下了隐患，结合电信网络诈骗犯罪侦查打击实际情况来看，单纯事后惩处无法有效遏制其增长势头，电信、金融等行业的前端监管失范使得公安机关被动出击。[①] 公安机关与电信、金融、互联网等行业的经营者之间通过加强信息共享、线索移送、办案协作、学

---

① 谢川豫、肖扬宇：《电信诈骗犯罪的防控优位性构建》，载《江西警察学院学报》2015 年第 1 期。

习交流等方式，既可以推动侦查工作提质增效，又能促进行业治理。如公安机关与通信运营商应建立联动机制，加强研究电信网络诈骗案件中信息流的变化；通信运营商应主动对接侦查部门，针对违法编写出售改号软件和出租电信线路等行为，及时封堵相关监管漏洞，落实有关制度；网络运营商要压实自身主体责任，严格管理、保护公民个人信息，对侵犯公民个人信息行为及时发现、主动上报，配合公安机关开展打击处理[①]；银行可改进线上查询、止付功能，对于公安机关在破获案件中发现的技术、监管等方面的不足，应及时完善防范措施[②]；互联网科技、金融、物流企业可运用其独有的资源、技术、人才，对诈骗信息进行监测、上报，协同公安机关破解电信网络诈骗案件防范难、破案难等问题。[③]

（三）加强相关行业监管，提升治理效能

1. 强化对银行业金融机构的监管

银行卡作为“两卡”之一，加强对银行业金融机构的监管，主要是指人民银行以及金融监督管理局以指导和督促银行业金融机构依法开展经营业务的形式，实现对银行卡和第三方支付账户的开户、使用过程等各个阶段的监管。例如，监督银行业金融机构是否建立客户尽职调查制度，是否对客户开展尽职调查；是否存在开立银行账户超出国家有关规定限制数量的情形；是否建立开立企业账户异常风险防控机制、异常账户和可疑交易监测机制；是否做到交易信息真实完整和

---

① 袁广林、蒋凌峰:《基于公共治理理论的电信网络诈骗犯罪多元共治》，载《中国刑警学院学报》2019 年第 1 期。

② 张明旺:《社会治理视域下新型电信网络诈骗共治路径》，载《四川警察学院学报》2021 年第 1 期。

③ 王建华:《电信网络诈骗基层协同治理研究——基于增城的观察》，华南理工大学 2018 年硕士学位论文。

支付全流程一致等。同时，以上部门还可以充分借助大数据技术进行分析，及时监测出异常行为和异常用户身份，筛查出潜在的违法犯罪线索。

2. 完善对电信业务经营者的监管

通信管理部门要切实加强对电信业务经营者的监督以及管理工作，为促进电信行业治理注入行政执法力量。加大巡查力度，推动电信企业全面落实电话用户真实身份信息登记制度，从源头上规范开卡行为。加大对违规售卡行为的惩处力度，通过约谈企业负责人、责令改正、作出行政处罚等方式，督促企业及时纠正违法行为，并及时联系买卡人，收缴涉案电话卡，履行“谁执法、谁普法”的普法责任，对其进行谈话提醒，帮助其提高思想认识。建立监测预警机制，对疑似电信诈骗电话和短信进行拦截，督促电信业务经营者对监测识别的涉诈异常电话卡用户进行重新实名核验。指导三大通信运营商根据电信诈骗作案规定，建立大数据分析模型，自动筛选和推送辖区内涉电诈号码，助力推动本地犯罪窝点全面清零工作。

3. 推进对互联网服务提供行为的规范管理

根据《反电信网络诈骗法》相关规定，互联网服务提供者应当依法落实反诈主体责任，并配合公安机关、电信主管部门、网信部门做好反诈工作。例如，落实国家有关规定确定的反电信诈骗内部控制；履行网络服务实名制职责，或者对涉案、涉诈电话卡关联注册的互联网账号进行核验，并根据风险情况采取相应处理措施；提供应用程序封装、分发服务的，登记并核验应用程序开发运营者的真实身份信息，核验应用程序的功能、用途；履行对涉诈互联网账号和应用程序等有关涉诈信息、活动的监测识别和处置义务；为查处电信网络诈骗犯罪提供技术支持和协助，或者按规定移送有关犯罪线索、风险信息。

二、凝聚社会合力，推进社会治理

打击电信诈骗犯罪、解救受害群众不是“官方”机构一家的事，需要全社会共同关注、共同投入，凝聚起“全民反诈”的澎湃力量，如此才是构建反电信诈骗社会治理格局的终极目标。

就目前来看，参与较多的团体或人群主要有以下4类：

第一类是介于“官方”和“民间”之间的各类公益服务平台和志愿者。比如，司法系统利用基层公共法律服务三大平台，组织“政法干警、律师、教师、高校学生”等群体开展各类普法宣传和法律服务活动。再如，地方利用粤省事志愿服务平台，像2023年12月3日广东省东莞市黄江镇派出所在警务区组织开展推广宣传反诈知识、金钟罩志愿服务活动，面向所有志愿者进行招募；在同一天，广州新华学院组织开展反电信诈骗主题校园公益文化节，面向本组织本级志愿者招募、开展。

第二类是新闻媒体，包括平台和记者两种力量。新闻媒体历来被称为在行政权、立法权、司法权之外的“第四种权力”，是无冕之王，在打击电信诈骗、开展反诈普法等工作中发挥着极其重要的作用。

第三类是相关民营企业，尤其是以腾讯为代表的民营科技企业。2016年，腾讯公司在公安部等主管部门指导下，发布了“守护者计划”，旨在建立涵盖警方、互联网公司、运营商、银行及银联等各方共同协作平台，联合共建网络安全生态体系。这个计划以“三步走”推进反电信网络诈骗工作：第一步，腾讯基于技术和大数据，联合业内专家建立反电信网络诈骗平台，推动反诈骗研究和技术孵化工作；第二步，将基于开放的大数据和智能反诈骗产品推动产业链合作，建立全场景防御体系；第三步，将配合公安部等主管部门推动由政府主导的协作体系，将反诈骗生态推进“最后一公里”。并且，这类措施是不断发展和完善的，如2023年12月1日，即《中华人民共和国反电信网络诈骗法》实施一周年之际，腾讯正式推出“腾讯科技反诈”小程序，这个小程序针对发现被骗、疑似诈骗、棘手情况给出不同的应对措施。在“提升反诈意识”板块中，内置了许多诈骗案例针对如何识别诈骗电话，诈骗网站的特征也有详细科普，十分方便普通大众获取反诈知识，增强反诈能力。

第四类是基层其他热心群众。类似“朝阳群众”之类的特殊群体，在反电诈工作中同样可以发挥不容忽视的积极作用。各个地方特别是边境地区的热心居民，他们可以在看到相关线索的第一时间向公安机关或者边防战士进行举报、报告。这类热心群众在最基础的层面补齐了反电信诈骗最后、最基础也是最重要的一块短板，给我们提供了“凝聚各类社会力量，夺取全民反诈工作最终胜利、实现天下无诈工作效果”的最强信心和最大底气。

（一）主流媒体

主流媒体方面，如人民网、新华社、央视网等，在营造宣传反诈浓厚氛围，提升民众防范意识方面发挥着中流砥柱、定海神针般的作用。如近年来以新华社、央视、人民网为代表的主流媒体先后聚焦打击电信网络诈骗犯罪案件侦办成果进行了大篇幅报道，帮助广大人民群众对国家专项行动阶段性成果有了更多的了解，社会公众关注反诈、了解反诈、支持反诈的舆论氛围进一步浓厚。2023年8月24日，央视中文国际频道《今日环球》栏目以“6名在缅甸电信网络诈骗犯罪嫌疑人被押解回国”为题进行报道；2023年9月8日，新华社、人民网等以“打击缅北电诈又一战果 1207名电信网络诈骗犯罪嫌疑人移交我方”为题进行特别报道；2023年9月11日，央视新闻频道《共同关注》栏目以“179名电诈犯罪嫌疑人从老挝被押解回国，‘杀猪盘’电信网络诈骗牵出特大跨境洗钱案”为题进行长达 2 分 30 秒的长篇幅报道……引起了全社会公众的关注和震动，这些都是很鲜活、具有典型性的实际案例。

另外，检察机关要对在办案过程中积累和总结出的典型案例向社会进行推广，也需要借助主流媒体的社会影响力，进一步开展诸如新闻报道、图书出版、专题讲座、网站推文、实地普法等多种形式的普法宣传活动。

（二）以微信公众号、新浪微博、抖音号等新媒体、融媒体为代表的地方媒体

一方面，不同于传统的电台电视台，地方的新媒体离群众更近，更能契合不同地方群众的信息接收喜好和特点。如广东省内的多数地方公众号在制作宣传视频时会用粤语，而四川的公众号则多用川话，相较于普通话更契合基层部分地方群众的接受习惯。

另一方面，地方媒体所使用的选材素材在选取上一般更贴近地方群众生活，比较容易吸引当地群众的关注。如在 2023 年第三季度主流媒体对境外电诈人员回国事件进行报道的同时，各地地方媒体也纷纷跟进地方的宣传工作，如福建的闽南网、山东的牡丹融媒、河南的大象新闻，尤其是寿光日报、大祥公安、海门融媒等地方新媒体、融媒体以小切口形式选取离本地群众较近的新闻事件，在地方层面丰富了宣传体系，强化了宣传效果。

（三）公众自身的自媒体及在此领域之内的网络主播

自媒体纵然没有主流媒体及地方新媒体发展那么规范、那么自律，但在野蛮生长中展现出了令人惊讶的生命力，在舆论传播格局中开拓了自己独特的空间。用好这些自媒体，就可以发挥主流媒体以及

地方新媒体不具备的独特作用。如为普及防范电信网络诈骗知识，宁乡网络博主八路哥在宁乡市委网信办策划组织下，参与制作了反电诈宣传系列短视频3集，在宁乡方言故事的十足笑料中为当地群众“涨知识”，在提高广大群众防骗、识骗、拒骗的意识方面发挥了积极作用，类似的事例比比皆是。

第三节　大数据时代下电信网络诈骗的预防

近年来，公安、检察、法院等办案机关聚焦人民群众深恶痛绝的电信网络诈骗犯罪，以前所未有的力度和举措深入推进打防管控各项工作，有效遏制了案件快速上升的势头，有力维护了人民群众合法权益。但当前电信网络诈骗犯罪形势依然严峻。为了打赢反电信网络诈骗这场攻坚战，我们既要采取法律手段从严打击电信网络诈骗犯罪，也要加强反电信网络诈骗的预防和宣传工作，以增强公民个人的反诈意识，防范电信网络诈骗案件发生。

一、大数据时代电信网络诈骗与传统电信网络诈骗的差异

传统电信网络诈骗更多的是通过拨打电话、发送信息或者通过QQ等社交媒体进行诈骗，以银行卡转账等方式获取赃款。而大数据时代的来临使人们的消费方式产生了巨大的变化，微信转账、手机银行转账及比特币等虚拟货币的出现，为犯罪分子转移赃款消除了时间和空间的限制。大数据时代的电信网络诈骗是大数据技术异化的表现

之一，与传统的电信网络诈骗相比，大数据时代电信网络诈骗具有三个特征。

一是侵犯个人隐私的隐蔽性。传统电信网络诈骗通常收集到的信息只是受害者本人的银行账户或者身份信息，而大数据时代下每个人都如同在网络上“裸奔”，各种 App、小程序等网络产品在使用前均会强制收集用户的多项隐私授权，犯罪分子通过开发的各类 App 软件吸引受害人点击下载，再通过软件收集受害人的隐私信息。在强制授权的隐私信息中，大部分包含了位置信息、通讯等功能，甚至部分普通的软件也存在非法强制授权隐私信息的行为，一旦数据库被犯罪分子截获，用户的个人隐私信息将全部落入犯罪分子手中。

二是强针对性。由于犯罪分子可以通过大数据了解潜在受害者的个人隐私信息，也就可以针对每个受害者的具体情况设计不同的诈骗剧本。例如，针对经常在网上浏览黄色信息的人，可能会针对其好色的特性，安排“色诱”，通过相亲等方式骗取财物；针对高学历人群，可以通过商业投资、高薪聘请高技术人才等方式开展诈骗。这与传统电信网络诈骗的“撒网式”诈骗区别很大，大大提高了诈骗成功率。

三是高科技性。大数据时代的网络技术高度发达，以往的转账方式大多是通过充值、银行转账等方式进行，到账具有一定的滞后性，且受到时间空间的限制。随着科技的发展，线上资金流动渠道多种多样，只需一部手机就可以实时到账，犯罪分子诈骗成功率也更高。大数据具有各式各样的算法，可以根据要求对人群进行筛选，犯罪分子利用大数据对潜在的受害人群进行分类，再对其制订有针对性的诈骗计划，犯罪既遂的概率飞速提升。

此外，随着比特币等国际虚拟货币的流行，电信网络诈骗犯罪分子利用虚拟货币进行赃款转移更加猖獗，这引起了我国相关部门的高度重视。根据 2013 年 12 月 5 日中国人民银行、工业和信息化部、中国银行业监督管理委员会、中国证券监督管理委员会、中国保险监督管理委员会[①]联合印发的《关于防范比特币风险的通知》的规定，比特币不由货币当局发行，不具有强制性等货币属性，因此比特币不具有与货币等同的法律地位。2021 年 6 月 17 日，最高人民法院、最高人民检察院和公安部联合发布的《关于办理电信网络诈骗等刑事案件适用法律若干问题的意见（二）》中多次提及虚拟货币，意味着网络虚拟货币被纳入了电信网络诈骗监管范围。2021 年 9 月 15 日，中国人民银行、中央网信办、最高人民法院、最高人民检察院、工业和信息化部、公安部、市场监管总局、银保监会、证监会、外汇局联合印发《关于进一步防范和处置虚拟货币交易炒作风险的通知》，进一步防范和处置虚拟货币交易炒作风险，逐渐加大对虚拟货币的监管力度。在大数据时代的背景下，打击电信网络诈骗依然要以预防为主，只有从根源上防止电信网络诈骗的发生，才是最有效的措施。而预防也要从多方面入手。

二、加强电信网络诈骗的预防

（一）加强联动

反电信网络诈骗法虽然规定了反电信网络诈骗犯罪工作机制和各部门职能分工，但还应该将更多机关单位纳入反电信网络诈骗的预防宣传工作格局，明确各机关单位的预防宣传工作职责。如公安机关负责统筹谋划反电信网络诈骗防范宣传工作，把握宣传方向和重点，组织开展督导检查，对各地各部门宣传质效考核评价，做好公安机关负责的防范宣传工作；宣传部门负责会同领导小组办公室组织协调反电信网络诈骗防范宣传工作，推动各级宣传部门开展反电信网络诈骗防范宣传工作；

① 2018 年 3 月，中国保险监督管理委员会被撤销。——编者注

网信部门负责推动网络媒体开展常态化反电信网络诈骗防范宣传工作，净化网络空间，协助做好“国家反诈中心”推广宣传；人民法院负责强化系统内反诈意识和能力，定期发布涉电信网络诈骗及其关联犯罪的典型判例，形成震慑效用。总之，各地各部门必须牢固树立“一盘棋”意识，构筑全民反诈新格局。

（二）建立大数据预警体系

大数据时代，公安机关要加强与工信、网信、移动互联网企业等各部门的协同配合，及时发现正在进行的诈骗，在诈骗成功之前及时启动劝阻程序。在实际工作中需要从以下两个方面展开反诈预防工作。一是需要庞大的数据库，构建以数据为先导的大数据精准预警体系，实时跟踪发现诈骗分子在互联网代码背后隐藏的可疑行为，精准查找潜在被害人，为后续精准劝阻打下基础。二是要构建分级联动劝阻机制，及时劝阻受害人，防止受害人被骗。所谓分级，即根据被害人当前所处的诈骗阶段划分危急等级，开展相应劝阻工作。分级联动劝阻机制源自“厦门经验”，市级公安机关反诈中心在大数据精准预警基础上，确定预警信息的危害等级，根据不同等级采用不同的劝阻方式。例如，低危级采用自动短信或语音劝阻，中危级进行 96110 人工劝阻，高危级由辖区民警手持终端一对一上门劝阻。对高危级的潜在受害人，系统即时进行常住地分析，并将信息自动分发给归口辖区民警，24 小时内安排上门劝阻。如果潜在受害人身处省外，系统便向其所在辖区省级单位推送信息，由辖区单位安排相应社区的工作人员上门开展精准劝阻。总之，我们要充分利用大数据的优势，不断将反电信网络诈骗的预防工作往前移，才能最大限度保障人民群众的利益。①

（三）加强紧急止付

紧急止付是指银行业金融机构、非银行支付机构根据公安机关的指令对涉嫌电信网络诈骗的账户停止支付的行为。因为电信网络诈骗主要通过通信和银行服务来进行联系和资金转移，所以要阻止电信网络诈骗犯罪结果发生，可以通过对通信和银行服务中的任一节点开展打击实现。

紧急止付主要用于防止当事人转移或隐匿涉案财产，限制资金流动。简单来说，紧急止付就是公安机关与犯罪分子赛跑，紧急止付成功率与被害人受骗时间具有直接联系，距离被骗时间越短，信息越精准，止付成功率越高。因此反电信网络诈骗中心要严格抓好上报涉案电话工作，提高账号信息的精准度和止付冻结指令审核把关的速度，主动协调银行部门做好电信诈骗案件侦办平台和电信诈骗交易风险事件管理平台的对接，提高快捷止付效率，协同银行部门认真抓好落实《电信网络新型违法犯罪案件冻结资金返还若干规定》。公安机关反诈办案中心要加强与银行、电信部门的深度合作，在保障用户信息安全的前提下，最大可能地实现银行、电信部门用户数据对公安的开放共享。在打击电信网络诈骗过程中，应建立电子审批流程，减少纸质文档流转，简化审批程序，为打击电信网络诈骗开辟绿色通道，为公安民警的侦查办案提高工作效率，确保紧急止付的成功率。②

---

① 陈志晗、黄小英、李博凌等：《基于被害性视角的反诈骗说服策略思考》，载《福建警察学院学报》2022 年第 6 期。

② 李秀恒：《大数据时代基层公安机关防治电信网络诈骗机制创新研究——以A市公安机关为例》，湘潭大学 2018 年硕士学位论文。

（四）加强个人信息保护

人们在享受数字化技术便利的同时，也在为无所不在的数据处理感到不安。加强个人信息保护，防止电信网络诈骗，成为国家急需解决的一个问题。对此，我国通过多种途径加强个人信息保护，为预防电信网络诈骗犯罪构建起一道道信息保护屏障。

2021 年 11 月 1 日，《中华人民共和国个人信息保护法》正式施行，明确了个人信息处理的基本原则。一是确立个人信息处理应遵循的原则，强调处理个人信息应当遵循合法、正当、必要和诚信原则，具有明确、合理的目的，限于实现处理目的的最小范围，公开处理规则，保证信息准确，采取安全保护措施等，并将上述原则贯穿于个人信息处理的全过程、各环节。二是确立了以“告知—同意”为核心的个人信息处理一系列规则，要求处理个人信息应当在事先充分告知的前提下取得个人同意，并且个人有权撤回同意，重要事项发生变更的应当重新取得个人同意，不得以个人不同意为由拒绝提供产品或者服务。考虑到经济社会生活的复杂性和个人信息处理的不同情况，还对基于个人同意以外合法处理个人信息的情形作了规定。三是根据个人信息处理的不同环节、不同个人信息种类，对个人信息的共同处理、委托处理、向第三方提供、公开、用于自动化决策、处理已公开的个人信息等提出有针对性的要求。四是设专节对处理敏感个人信息作出更严格的限制，只有在具有特定的目的和充分的必要性的情形下，方可处理敏感个人信息，并且应当取得个人的单独同意或者书面同意。五是设专节规定国家机关处理个人信息的规则，在保障国家机关依法履行职责的同时，要求国家机关处理个人信息应当依照法律、行政法规规定的权限和程序进行。

2023 年 2 月 1 日，《快递电子运单》新国家标准正式施行，新国标设立专门章节强化个人信息保护内容。一是禁止显示完整的个人信息。快递企业、电子商务经营主体等应采取措施，避免在电子运单上显示完整的收寄件人个人信息。收寄件人姓名应隐藏1个汉字以上，联系电话应隐藏6位以上，地址应隐藏单元户室号。二是推荐对个人信息进行全加密处理。快递企业、电子商务经营主体等宜采用射频识别、手机虚拟安全号、电子纸等技术手段，对快递电子运单上的个人信息进行全加密处理。三是新国标还规范了个人信息相关内容的读取权限。快递电子运单上隐藏的、加密的信息内容，仅限于快递企业及其授权的第三方、相关管理部门使用相关设备合法读取。

（五）加强普法宣传

1. 传统媒体宣传

在大数据时代下，电信网络诈骗手法层出不穷，电视电影作为传统信息传播媒介，在反诈宣传中占据重要地位。如热映的防诈骗电影《孤注一掷》，该影片向人们揭示了电信网络诈骗的内幕，让群众对电信网络诈骗有了更深层次的了解，提高了大众对电信网络诈骗的防范意识，是一部很好的反诈宣传片。

2. 新媒体宣传

新媒体宣传主要包括网络短视频宣传、网络软文宣传等。随着抖音、微信视频号等众多平台的出现，短视频受到各年龄段用户的欢迎，其生产方式简单、参与性强、关注度高、传播速度快，已成为普法宣传的一大利器。网络软文是指以互联网为传播平台，以文字为载体的一种网络宣传方式。以文字作为宣传载体具有内容表达更精准、更深层次，成本更低等特点。新媒体宣传能通过大数据精准推送给用户，通过对用户使用频率、浏览观看记录等进行大数据分析，短视频平台通过大数据算法将相关内容推送给既定的目标用户，达到较好的宣传效果。

3. 面对面宣传

大数据时代在给人们提供便捷的信息沟通渠道的同时，也与大部分老年人群体之间拉开了一条“数字鸿沟”，对网络一知半解的这部分老年人容易成为被电信网络诈骗的对象。线下面对面宣传除了重点关注老年人群体，还应当重点关注青少年。对于青少年群体，包括在校生，犯罪分子更多的是利用游戏升级、一夜暴富、免费旅游等虚假信息欺骗三观未定型的青少年，利用青少年对家长老师的抵触心理和所谓的江湖义气，逐渐侵蚀青少年的思想，扭曲青少年的价值观，从而加入电信网络诈骗集团，甚至将矛头指向身边的亲朋好友，最终走上不归路。因此，要积极开展反电信网络诈骗进村进社区进学校活动，向群众当面讲解电信诈骗的套路、普及预防电信诈骗常识，呼吁群众增强防范意识，自觉预防电信网络诈骗犯罪分子的诱骗。

第四节　跨境电信网络诈骗犯罪的治理困境与对策

一、跨境电信网络诈骗犯罪的治理困境

近年来，我国跨境电信网络诈骗犯罪多发高发，诈骗手段层出不穷，严重影响人民群众的安全感。由于跨境电信网络诈骗犯罪的跨境化、跨国性，实践中，治理此类犯罪存在诸多困境。

（一）线索发现难

1. 难以锁定犯罪嫌疑人

相较于国内传统的诈骗犯罪，跨境电信网络诈骗犯罪的智能化、科技化的特征尤为突出。犯罪分子借助网络的虚拟性，隐于幕后，直接通过网络、电子数据等便可实施跨区域、跨国界的远程诈骗，在此过程中还利用变声、虚拟定位等先进技术加以隐匿性别、位置等情况，迷惑性极强，令人难辨真伪。基于以上跨境诈骗的"非接触性"，案发后，受害者通常难以提供有关犯罪分子真实身份的有效线索。此外，犯罪分子所用的涉案手机卡、银行卡往往是租借、用虚假身份或不记名开户的，甚至通过改号系统隐匿在国内真实号码之后，且时常更换，侦查机关难以通过涉案"两卡"锁定犯罪嫌疑人身份。

2. 受害群体随机且广泛

犯罪分子借助智能化的现代信息技术，突破时间和空间的限制，进行"广撒网"式电信网络诈骗，随机作案，受害者范围广、数量大。因为"电信诈骗的犯罪团伙与受害者之间不存在必然的因果关系，也无实际接触，侦查机关无法通过常规的因果关系来确定侦查范围，侦查的指向性和针对性较弱"[①]，尤其跨境电信网络诈骗的跨国界性更加大了侦查难度，致使无法精准收集到每一个受害者的线索。另外，在现实生活中，并非所有跨境电信网络诈骗的受害者都会主动、及时报案。2024 年 7 月 26 日，最高人民检察院召开"依法惩治跨境电诈犯罪　守护人民群众合法权益"新闻发布会，指出跨境电诈犯罪呈现出"有组织化日趋明显""境外诈骗窝点呈现园区化特征""犯罪

① 参见肖同昱：《电信诈骗案件的侦查困境和对策探讨》，载《网络安全技术与应用》2023 年第 1 期。

工具不断升级”“诈骗手法加速翻新”的四大新特点。[①] 跨境电信网络诈骗的模式多、更新快，跨国诈骗集团紧跟国内社会时政民生热点，且分工日益精细化，不断利用区块链等新技术升级犯罪工具，往往使受害者深陷错误认识，受害者即使被告知是骗局后可能仍不相信，加之因顾虑到自身行为存在一定的违法性，或者因被骗金额较小而抱着“多一事不如少一事”的心态等原因，不愿意报案。

（二）侦查取证难

1. 犯罪手段多样化导致取证难

境外诈骗团伙普遍反侦查能力强。诈骗集团不断更新升级犯罪工具，技术不断对抗升级化，黑产技术不断翻新演变，涉及生产、销售、安装、维护全链条，一些本身有正常用途的网络技术，实践中常被用于违法犯罪，如利用 AI 换脸技术、区块链、虚拟货币、远程操控、共享屏幕等新技术新业态，实施诈骗犯罪，迷惑性更强。并且诈骗分子大量使用境外通联工具，开发涉诈 App、云语音等新技术手段伪装诈骗行为，逃避警方打击。一些犯罪分子使用成本更低、隐蔽性更强、操作更简单的新型“简易组网 GOIP”设备（一种虚拟拨号设备，可以将传统电话信号转化为网络信号），在境外操控境内手机拨打诈骗电话，远程与受害人通话实施诈骗。如化州市人民检察院办理的犯罪嫌疑人张某涉嫌诈骗罪一案，张某在明知他人从事诈骗犯罪活动情况下，纠集郑某、黄某等人，和诈骗分子先语音或视频连线，而后由张某、郑某、黄某用自己的手机拨打被害人电话。这种简易 GOIP 设备可让诈骗分子隔空与被害人通话，从而实施诈骗。

---

① 参见《最高检召开“依法惩治跨境电诈犯罪　守护人民群众合法权益”新闻发布会》，载最高人民检察院官网，https://www.spp.gov.cn/spp/zdgz/202407/t20240726_661651.shtml。

2. 法律制度的差异导致取证难

各个国家、地区法律制度存在差异，对于刑事证据的种类、规格等方面的规定也存在诸多分歧。尤其是在电子证据的规定方面，在电信网络诈骗活动蔓延的东南亚和非洲等欠发达国家、地区，其国内法律对近些年才出现的智能手机、笔记本电脑等载体上的电子证据缺乏针对性的规定。因此，境外的执法机关在打击相关犯罪的行动中往往不能向我国司法机关提供可以直接应用于案件侦办或者起诉的证据。① 而且，在证据认定方面，由于不同国家和地区的法律对证据的认定存在差异，可能会产生由于有效证据无法认定导致惩处难的困境。如证据的合法性审查，既要审查是否符合我国法律，也要审查是否与相关条约产生冲突。② 此外，各个国家、地区对相关行为的界定存在较大分歧，作案团伙将诈骗窝点向境外其他国家转移的一个重要原因便是某些国家的法律并不认为电信诈骗属于严重的刑事犯罪，甚至认定为轻微违法或无罪。由于在根本上并没有法律规定必须制裁此类行为，这些国家的警方对相关证据的调取积极性不高。

（三）主观故意认定难

跨境电信诈骗犯罪诈骗环节高度分离、分工细致。搭建诈骗电话网络平台、提供通讯转换信号、收购手机卡银行卡、组织人员偷渡出境、实施具体诈骗、提取转移诈骗赃款等各个环节都有人专门负责，形成一整条的地下“产业链”。借助“产业链”，诈骗流程的各个环节在时间、空间上高度分离，甚至位于不同国家和地区，各环节之间

---

① 参见丁晨:《电信网络诈骗案件侦查中的跨境合作问题研究》，中国人民公安大学 2019 年硕士学位论文。

② 参见李玉华、齐鹏云:《打击跨境电信网络诈骗犯罪的国际合作研究》，载《山东警察学院学报》2022 年第 3 期。

主要靠电讯通联信息、银行电子交易信息进行维系，交错复杂。各环节负责人相互独立且互不认识，与传统的诈骗罪共犯相比，相互之间表面上缺乏共同实施犯罪的意思联络，给司法机关打击犯罪带来了困难。因而如何判断各环节参与人的主观故意是实践中认定跨境电信网络诈骗犯罪的一大难点。[①]

（四）追赃挽损难

1. 赃款转移高效、专业

网络信息技术及其配套基础设施的发展完善，为跨境电信网络诈骗犯罪提供了有利条件，使得犯罪分子资金转移方式更加多样化，且更加便捷高效。同时，跨境电信网络诈骗犯罪从兴起到发展至今，跨境电信网络诈骗犯罪呈现出有组织化特征[②]，日渐趋向专业化、精细化，其产业化的特征也更为明显，“车行”“水房”、地下钱庄等专业的赃款跨境转移产业链条也越发成熟。在此背景下，电信网络诈骗犯罪分子在赃款进入“安全账户”后，依托先进互联网技术，利用网上银行、第三方支付平台等金融领域便捷支付手段，以上述专业的赃款跨境转移产业链为主线，能在极短时间内实现方式多样、层级复杂、高效隐秘的资金跨境转移，迅速完成赃款洗白变现。这导致侦查机关难以核实查清赃款全面流向，难以进行及时有效跟踪，无疑大大增加了跨境电信网络诈骗犯罪追赃挽损的难度。

2. 赃款消耗多

跨境电信网络诈骗赃款消耗快主要有以下两方面原因：一是赃款

---

① 参见王淑玲、俞林、李善敏：《跨境电信网络诈骗犯罪实务问题研究》，载微信公众号“宁波检察”2023 年 8 月 27 日。

② 参见王智：《跨境电信网络诈骗犯罪治理研究》，云南财经大学 2023 年硕士学位论文。

层层分级转移的消耗多。从实践来看，电信网络诈骗犯罪的赃款通常要借助众多的“车手”“水房”等帮助洗钱的人员或组织来实现，而赃款的每一次转移均会产生“手续费”。如化州市人民检察院办理的李某保等 2 人掩饰、隐瞒犯罪所得罪一案，被告人李某保以走账金额 2% 的比例在约 10 日的短时间内获得佣金 10000 元。且为保证赃款的成功跨境，赃款的数额越大，转移的层级往往越多，所需的“手续费”自然就越多。二是诈骗集团人员管理及日常运营成本大。要维持层级复杂、人数众多的诈骗集团的长期正常运营，必然要支付场地租用、安保维护、工资开销等费用，进而赃款被大量消耗。

3. 集团头目抓捕难

跨境电信网络诈骗犯罪的涉案人员往往人数众多，且高度分散于境外各个国家与地区。诈骗团伙头目通常藏于境外，居于幕后遥控指挥，同时一般为单线联系，[①] 其真实身份难以查清。由于涉及跨境，从摸排线索到确定位置再到具体实施抓捕，中间的手续繁、耗时长，具有滞后性，加上可能存在走漏风声等情况，导致我国公安机关难以抓捕到集团头目。而掌握主要赃款的集团头目不到案，所查获的赃款便寥寥可数。

4. 赃款流入国的协助积极性不高

诈骗犯罪集团所在国往往为赃款流入国。根据统计，目前的诈骗犯罪集团主要集中在东南亚国家。[②] 首先，因受网络基础设施建设、互联网技术普及程度等因素的限制，东南亚国家发生的针对本土公民实施的跨境电信网络诈骗犯罪较少，此类犯罪尚未引起当地国家的重

① 参见杨加宇:《跨境电信诈骗犯罪案件侦查难点研究》，载《法制与社会》2018 年第 3 期。

② 参见王智:《跨境电信网络诈骗犯罪治理研究》，云南财经大学 2023 年硕士学位论文。

视。其次，流入的赃款对当地的房产租购、餐饮消费、设备维修等行业经济发展存在一定的刺激拉动作用。反之，赃款流入国协助跨境追赃不仅不能拉动当地经济的发展，还通常会占用其大量司法资源，并且无实质经济补偿。[①] 最后，跨境追赃的刑事司法协助体系尚不完善[②]，导致协助操作不畅，不利于对赃款采取查封、冻结等追缴措施，这也影响了赃款流入国协助跨境追赃的积极性。

二、跨境电信网络诈骗犯罪的治理对策

结合跨境电信网络诈骗犯罪的线索发现难、侦查取证难、主观故意认定难和追赃挽损难之治理困境，建议从以下方面开展工作：

（一）优化情报信报共享平台

犯罪线索的及时发现与整合研判，对跨境电信网络诈骗犯罪的侦破有重要作用。从国内角度来看，要注重落实在公安部牵头建立的“电信诈骗案件侦办平台”及时录入案件线索工作，运用互联网、大数据及人工智能等新兴先进科技，提高对案件线索的串联比对与关联研判的能力，进一步提升情报共享在打击跨境电信网络诈骗行动中的质效。从国际角度来看，各主权国家着手构建国际情报信息共享平台，在夯实制度构建的法律基础之上，依托云计算、5G 技术等先进技术，提高情报收集的效率，确保犯罪证据的时效性。[③]

① 参见伍光红：《中国—东盟跨境电信网络诈骗犯罪窝点取证协助问题研究》，载《广西社会科学》2022 年第 10 期。

② 参见许滢、钟实：《电信诈骗犯罪的跨境追赃研究》，载《云南警官学院学报》2020 年第 3 期。

③ 参见王智：《跨境电信网络诈骗犯罪治理研究》，云南财经大学 2023 年硕士学位论文。

（二）创新跨境侦查合作模式

面对打击跨境电信网络诈骗犯罪的诸多困境，亟须有针对性地创新跨境侦查合作模式，完善国际侦查合作机制。一方面，积极推动国际电信网络犯罪公约立法，在电信网络诈骗犯罪的犯罪构成、量刑标准、司法管辖、司法协助、法律适用、证据标准等方面达成共识，构建具有普适性的国际法律框架，为跨境电信网络诈骗犯罪的国际侦查合作奠定良好基础。当前，在冒充公检法人员诈骗、冒充熟人诈骗、机票改签诈骗、钓鱼式投资诈骗这四种非接触性诈骗犯罪类型中，东南亚各国对前三种犯罪认识相同，但是对于钓鱼式投资诈骗中的赌博行为，东南亚国家则各执一词。另一方面，对于跨境电信网络诈骗犯罪窝点主要聚集的国家、地区，应在犯罪情报互通、案件会商、协助取证等方面建立日常联络机制和紧急联系通道，推进双方合作打击跨境电信网络诈骗犯罪的机制化、常态化。可以利用《联合国打击跨国有组织犯罪公约》《中国—东盟非传统安全领域合作谅解备忘录》及其行动计划、澜湄安全执法中心等平台，深化联合打击跨境电信网络诈骗合作，不断加大跨境执法合作力度和范围，提升双方合作的效率。2023 年 8 月 15 日至 16 日，中国公安部、泰国警察总署、缅甸警察总部、老挝公安部在泰国清迈共同建立专项行动综合协调中心，是对现有机制的深化，充分体现了四国联合打击跨境电信网络诈骗犯罪的有力决心。

（三）综合分析认定主观故意

在司法实践中，对诈骗犯罪嫌疑人的主观故意认定是否明知的问题，往往以其供述为主。针对诈骗人员辩解称对从事诈骗行为或为诈骗行为提供帮助不明知的情况，除了审查诈骗人员所作供述是否具有真实性、可信性，还应当从诈骗犯罪嫌疑人的文化程度、认知水平、既往经历，行为手段，层级高低、与他人关系，获利情况，出境详细经过、赃款处理等主客观因素予以审查，同时结合其他同案犯的供述、指证情况以及其本人的客观行为综合分析认定。若诈骗犯罪嫌疑人辩解称系被骗入诈骗窝点，不知道在从事诈骗活动等，除要证实其在诈骗窝点的累计时间和工作内容、工资提成等，还要重点讯问其他同案犯在诈骗窝点的行为表现、与其他人员的关系情况等，结合查实的诈骗窝点是否会进行岗前培训、召开会议、制定目标等，综合判定其是否明知。① 另外，在该类境外电信网络诈骗案件中，部分诈骗犯罪嫌疑人可能供述其本人是在被欺骗、胁迫甚至暴力威胁下，被迫参与诈骗活动的。针对以上人员供述是否采信的问题，如果有充分证据，如亲友聊天记录、身体健康状况、担任职位、工作时间、涉案金额、工资情况等证据佐证其确实是被“胁迫”参与，则可以认定为胁从犯，否则不宜认定为胁从犯。

（四）完善跨境追赃挽损机制

1. 完善赃款外流的快速预警防控机制

电信网络诈骗犯罪的赃款一旦跨境，其追缴的复杂性和困难性就会显著增大。一方面，要利用前沿科技完善对金融领域的监管机制，强化对异常账户的识别预警，增强资金流跟踪监管能力。通过技术监管，金融机构一旦发现疑似涉诈骗资金流账户，视不同情况采取限制流转额度和次数、延时到账、业务冷静期等干预措施，并将预警信息通报到公安机关同步审查，预防和减少诈骗赃款外流。另一方面，要优化部门联动机制。由于电信网络诈骗犯罪赃款转移的高效化和专业化，其追赃挽损往往需要公安、银行、通讯等多部门紧密合作，如果

---

① 参见王淑玲、俞林、李善敏：《跨境电信网络诈骗犯罪实务问题研究》，载微信公众号“宁波检察”2023 年 8 月 27 日。

协作程序繁杂，则容易贻误赃款截流时机。为提高追赃的成功率，可探索开设追赃的绿色通道，一旦发现赃款线索或确定涉赃账户，相关部门就能够迅速联动，实现对目标赃款的紧急截流防控。①

2. 完善国际反洗钱合作方式

精准、快速查清资金流向是实现跨境电信网络犯罪成功追赃的突破点。宏观层面，逐步形成与部分重点国家的反洗钱合作机制。充分利用反洗钱国际合作行为规则，深度参与有关反洗钱国际组织、区域组织重大决策的制定；加强沟通协调，稳步推进加入埃格蒙特集团相关工作；充分利用国际金融情报交流平台，拓展反洗钱情报渠道，进一步提高我国反洗钱监测分析中心的运行效率。② 微观层面，要探索前沿科学技术在跨国反洗钱领域的普遍应用。通过上述宏观与微观两个维度的机制构建，形成国内、国外反洗钱机构与公安司法机关联动，充分发挥先进科学技术在反洗钱领域的应用，实现跨境资金流动境内外追查的顺畅、迅速衔接，让赃款洗白、资金藏匿无处遁形。③

3. 构建追赃激励机制

为充分激发和有效调动开展追赃工作的积极性，可从国内和国际两个层面探索构建追赃激励机制。在国内层面，可建立侦查机关内部的追赃激励制度。结合追赃成果和社会反馈，一方面对侦查人员采取荣誉颁发、业务记功等精神嘉奖措施，另一方面也给予相应经济奖励。在国际层面，赃款流入国协助跨境追赃要耗费大量人、财、物资源，为促进跨境追赃的良性循环，有必要建立跨境追赃领域的资产激

---

① 参见许滢、钟实：《电信诈骗犯罪的跨境追赃研究》，载《云南警官学院学报》2020 年第 3 期。

② 参见程璞：《新形势下反洗钱跨国合作的国际比较及启示》，载《区域金融研究》2018 年第 10 期。

③ 参见郝家英：《电信网络诈骗犯罪跨境追赃与国际刑事司法合作》，载《北京警察学院学报》2021 年第 2 期。

励机制。为了保证国际刑事司法合作的长久性、有效性，需要探索设立对资产所在国的补偿制度，即如果将财产返还给受害者后，没有剩余资产或者剩余的资产不足以负担被请求方支出的合理费用，应当对被请求方进行适当的补偿，补偿的资金来源，可以由财政部联合相关主管部门设立专项基金，用来应对可能出现的上述情况。①

4. 利用、健全既有条约及促成新条约

国际刑事司法协助对跨境电信网络诈骗犯罪的成功追赃发挥着重要的作用。我国进行电信网络诈骗犯罪跨境追赃的刑事司法协助的国际法律依据主要是 2000 年 12 月签订的《联合国打击跨国有组织犯罪公约》(以下简称《公约》) 等公约，以及我国与其他国家签订的司法协助等双边或多边条约。其中，跨境电信网络诈骗犯罪虽不属于《公约》明确列举的跨国犯罪情形，但其组织结构形式、犯罪类型完全符合《公约》所规定的适用条件②，仍可作为我国开展刑事司法协助的国际法律依据。截至2020年11月，中国已与81个国家缔结引渡条约、司法协助条约、资产返还与分享协定等共 169 项，与 56 个国家和地区签署金融情报交换合作协议。③ 对于上述既有条约要充分利用好，同时由于部分既有条约签订时间较久远，当时并未将新型的跨境电信网络诈骗犯罪纳入，或者对跨境追赃缺乏专门的针对性规定，有必要进一步修订细化，使其更具可操作性和适应性。

---

① 参见王筱:《我国没收资产分享制度之构建》，载《西部法学评论》2019 年第 2 期。

② 参见王智:《跨境电信网络诈骗犯罪治理研究》，云南财经大学 2023 年硕士学位论文。

③ 《我国已与 81 个国家缔结引渡条约、司法协助条约等共 169 项依法依规追逃追赃》，载中央纪委国家监委官网，https: //www.ccdi.gov.cn/toutiao/202011/t20201111_229776.html。

附录

法律法规及相关规定

一、《中华人民共和国刑法》（节选）

（1979年7月1日第五届全国人民代表大会第二次会议通过 1997年3月14日第八届全国人民代表大会第五次会议修订 根据1998年12月29日第九届全国人民代表大会常务委员会第六次会议通过的《全国人民代表大会常务委员会关于惩治骗购外汇、逃汇和非法买卖外汇犯罪的决定》、1999年12月25日第九届全国人民代表大会常务委员会第十三次会议通过的《中华人民共和国刑法修正案》、2001年8月31日第九届全国人民代表大会常务委员会第二十三次会议通过的《中华人民共和国刑法修正案（二）》、2001年12月29日第九届全国人民代表大会常务委员会第二十五次会议通过的《中华人民共和国刑法修正案（三）》、2002年12月28日第九届全国人民代表大会常务委员会第三十一次会议通过的《中华人民共和国刑法修正案（四）》、2005年2月28日第十届全国人民代表大会常务委员会第十四次会议通过的《中华人民共和国刑法修正案（五）》、2006年6月29日第十届全国人民代表大会常务委员会第二十二次会议通过的《中华人民共和国刑法修正案（六）》、2009年2月28日第十一届全国人民代表大会常务委员会第七次会议通过的《中华人民共和国刑法修正案（七）》、2009年8月27日第十一届全国人民代表大会常务委员会第十次会议通过的《全国人民代表大会常务委员会关于修改部分法律的决定》、2011年2月25日第十一届全国人民代表大会常务委员会第十九次会议通过的《中华人民共和国刑法修正案（八）》、2015年8月29日第十二届全国人民代表大会常务委员会第十六次会议通过的《中华人民共和国刑法修正案（九）》、2017 年 11 月 4 日第十二届全国人民代表大会常务委员会第三十次会议通过的《中华人民共和国刑法修正案（十）》、2020 年 12 月 26 日第十三届全国人民代表大会常务委员会第二十四次会议通过的《中华人民共和国刑法修正案（十一）》和 2023 年 12 月 29 日第十四届全国人民代表大会常务委员会第七次会议通过的《中华人民共和国刑法修正案（十二）》修正）

第二百六十六条 【诈骗罪】诈骗公私财物，数额较大的，处三年以下有期徒刑、拘役或者管制，并处或者单处罚金；数额巨大或者有其他严重情节的，处三年以上十年以下有期徒刑，并处罚金；数额特别巨大或者有其他特别严重情节的，处十年以上有期徒刑或者无期徒刑，并处罚金或者没收财产。本法另有规定的，依照规定。

第二百五十三条之一 【侵犯公民个人信息罪】违反国家有关规定，向他人出售或者提供公民个人信息，情节严重的，处三年以下有期徒刑或者拘役，并处或者单处罚金；情节特别严重的，处三年以上七年以下有期徒刑，并处罚金。

违反国家有关规定，将在履行职责或者提供服务过程中获得的公民个人信息，出售或者提供给他人的，依照前款的规定从重处罚。

窃取或者以其他方法非法获取公民个人信息的，依照第一款的规定处罚。

单位犯前三款罪的，对单位判处罚金，并对其直接负责的主管人员和其他直接责任人员，依照各该款的规定处罚。

第一百七十七条之一 【妨害信用卡管理罪】有下列情形之一，妨害信用卡管理的，处三年以下有期徒刑或者拘役，并处或者单处一万元以上十万元以下罚金；数量巨大或者有其他严重情节的，处三年以上十年以下有期徒刑，并处二万元以上二十万元以下罚金：

（一）明知是伪造的信用卡而持有、运输的，或者明知是伪造的空白信用卡而持有、运输，数量较大的；

（二）非法持有他人信用卡，数量较大的；

（三）使用虚假的身份证明骗领信用卡的；

（四）出售、购买、为他人提供伪造的信用卡或者以虚假的身份证明骗领的信用卡的。

【窃取、收买、非法提供信用卡信息罪】窃取、收买或者非法提供他人信用卡信息资料的，依照前款规定处罚。

银行或者其他金融机构的工作人员利用职务上的便利，犯第二款罪的，从重处罚。

第二百八十七条　【利用计算机实施相关犯罪的处罚规定】利用计算机实施金融诈骗、盗窃、贪污、挪用公款、窃取国家秘密或者其他犯罪的，依照本法有关规定定罪处罚。

第二百八十七条之一　【非法利用信息网络罪】利用信息网络实施下列行为之一，情节严重的，处三年以下有期徒刑或者拘役，并处或者单处罚金：

（一）设立用于实施诈骗、传授犯罪方法、制作或者销售违禁物品、管制物品等违法犯罪活动的网站、通讯群组的；

（二）发布有关制作或者销售毒品、枪支、淫秽物品等违禁物品、管制物品或者其他违法犯罪信息的；

（三）为实施诈骗等违法犯罪活动发布信息的。

单位犯前款罪的，对单位判处罚金，并对其直接负责的主管人员和其他直接责任人员，依照第一款的规定处罚。

有前两款行为，同时构成其他犯罪的，依照处罚较重的规定定罪处罚。

第二百八十七条之二　【帮助信息网络犯罪活动罪】明知他人利

用信息网络实施犯罪，为其犯罪提供互联网接入、服务器托管、网络存储、通讯传输等技术支持，或者提供广告推广、支付结算等帮助，情节严重的，处三年以下有期徒刑或者拘役，并处或者单处罚金。

单位犯前款罪的，对单位判处罚金，并对其直接负责的主管人员和其他直接责任人员，依照第一款的规定处罚。

有前两款行为，同时构成其他犯罪的，依照处罚较重的规定定罪处罚。

第三百一十二条 【掩饰、隐瞒犯罪所得、犯罪所得收益罪】明知是犯罪所得及其产生的收益而予以窝藏、转移、收购、代为销售或者以其他方法掩饰、隐瞒的，处三年以下有期徒刑、拘役或者管制，并处或者单处罚金；情节严重的，处三年以上七年以下有期徒刑，并处罚金。

单位犯前款罪的，对单位判处罚金，并对其直接负责的主管人员和其他直接责任人员，依照前款的规定处罚。

第二百八十八条 【扰乱无线电通讯管理秩序罪】违反国家规定，擅自设置、使用无线电台（站），或者擅自使用无线电频率，干扰无线电通讯秩序，情节严重的，处三年以下有期徒刑、拘役或者管制，并处或者单处罚金；情节特别严重的，处三年以上七年以下有期徒刑，并处罚金。

单位犯前款罪的，对单位判处罚金，并对其直接负责的主管人员和其他直接责任人员，依照前款的规定处罚。

二、《中华人民共和国反电信网络诈骗法》（节选）

（2022 年 9 月 2 日第十三届全国人民代表大会常务委员会第三十六次会议通过）

第二条　本法所称电信网络诈骗，是指以非法占有为目的，利用电信网络技术手段，通过远程、非接触等方式，诈骗公私财物的行为。

第三条　打击治理在中华人民共和国境内实施的电信网络诈骗活动或者中华人民共和国公民在境外实施的电信网络诈骗活动，适用本法。

境外的组织、个人针对中华人民共和国境内实施电信网络诈骗活动的，或者为他人针对境内实施电信网络诈骗活动提供产品、服务等帮助的，依照本法有关规定处理和追究责任。

第六条　国务院建立反电信网络诈骗工作机制，统筹协调打击治理工作。

地方各级人民政府组织领导本行政区域内反电信网络诈骗工作，确定反电信网络诈骗目标任务和工作机制，开展综合治理。

公安机关牵头负责反电信网络诈骗工作，金融、电信、网信、市场监管等有关部门依照职责履行监管主体责任，负责本行业领域反电信网络诈骗工作。

人民法院、人民检察院发挥审判、检察职能作用，依法防范、惩治电信网络诈骗活动。

电信业务经营者、银行业金融机构、非银行支付机构、互联网服务提供者承担风险防控责任，建立反电信网络诈骗内部控制机制和安全责任制度，加强新业务涉诈风险安全评估。

第八条 各级人民政府和有关部门应当加强反电信网络诈骗宣传，普及相关法律和知识，提高公众对各类电信网络诈骗方式的防骗意识和识骗能力。

教育行政、市场监管、民政等有关部门和村民委员会、居民委员会，应当结合电信网络诈骗受害群体的分布等特征，加强对老年人、青少年等群体的宣传教育，增强反电信网络诈骗宣传教育的针对性、精准性，开展反电信网络诈骗宣传教育进学校、进企业、进社区、进农村、进家庭等活动。

各单位应当加强内部防范电信网络诈骗工作，对工作人员开展防范电信网络诈骗教育；个人应当加强电信网络诈骗防范意识。单位、个人应当协助、配合有关部门依照本法规定开展反电信网络诈骗工作。

第三十八条 组织、策划、实施、参与电信网络诈骗活动或者为电信网络诈骗活动提供帮助，构成犯罪的，依法追究刑事责任。

前款行为尚不构成犯罪的，由公安机关处十日以上十五日以下拘留；没收违法所得，处违法所得一倍以上十倍以下罚款，没有违法所得或者违法所得不足一万元的，处十万元以下罚款。

第三十九条 电信业务经营者违反本法规定，有下列情形之一的，由有关主管部门责令改正，情节较轻的，给予警告、通报批评，或者处五万元以上五十万元以下罚款；情节严重的，处五十万元以上五百万元以下罚款，并可以由有关主管部门责令暂停相关业务、停业整顿、吊销相关业务许可证或者吊销营业执照，对其直接负责的主管人员和其他直接责任人员，处一万元以上二十万元以下罚款：

（一）未落实国家有关规定确定的反电信网络诈骗内部控制机制的；

（二）未履行电话卡、物联网卡实名制登记职责的；

（三）未履行对电话卡、物联网卡的监测识别、监测预警和相关处置职责的；

（四）未对物联网卡用户进行风险评估，或者未限定物联网卡的开通功能、使用场景和适用设备的；

（五）未采取措施对改号电话、虚假主叫或者具有相应功能的非法设备进行监测处置的。

第四十条　银行业金融机构、非银行支付机构违反本法规定，有下列情形之一的，由有关主管部门责令改正，情节较轻的，给予警告、通报批评，或者处五万元以上五十万元以下罚款；情节严重的，处五十万元以上五百万元以下罚款，并可以由有关主管部门责令停止新增业务、缩减业务类型或者业务范围、暂停相关业务、停业整顿、吊销相关业务许可证或者吊销营业执照，对其直接负责的主管人员和其他直接责任人员，处一万元以上二十万元以下罚款：

（一）未落实国家有关规定确定的反电信网络诈骗内部控制机制的；

（二）未履行尽职调查义务和有关风险管理措施的；

（三）未履行对异常账户、可疑交易的风险监测和相关处置义务的；

（四）未按照规定完整、准确传输有关交易信息的。

第四十一条　电信业务经营者、互联网服务提供者违反本法规定，有下列情形之一的，由有关主管部门责令改正，情节较轻的，给予警告、通报批评，或者处五万元以上五十万元以下罚款；情节严重的，处五十万元以上五百万元以下罚款，并可以由有关主管部门责令暂停相关业务、停业整顿、关闭网站或者应用程序、吊销相关业务许可证或者吊销营业执照，对其直接负责的主管人员和其他直接责任人员，处一万元以上二十万元以下罚款：

（一）未落实国家有关规定确定的反电信网络诈骗内部控制机制的；

（二）未履行网络服务实名制职责，或者未对涉案、涉诈电话卡关联注册互联网账号进行核验的；

（三）未按照国家有关规定，核验域名注册、解析信息和互联网协议地址的真实性、准确性，规范域名跳转，或者记录并留存所提供相应服务的日志信息的；

（四）未登记核验移动互联网应用程序开发运营者的真实身份信息或者未核验应用程序的功能、用途，为其提供应用程序封装、分发服务的；

（五）未履行对涉诈互联网账号和应用程序，以及其他电信网络诈骗信息、活动的监测识别和处置义务的；

（六）拒不依法为查处电信网络诈骗犯罪提供技术支持和协助，或者未按规定移送有关违法犯罪线索、风险信息的。

第四十二条 违反本法第十四条、第二十五条第一款规定的，没收违法所得，由公安机关或者有关主管部门处违法所得一倍以上十倍以下罚款，没有违法所得或者违法所得不足五万元的，处五十万元以下罚款；情节严重的，由公安机关并处十五日以下拘留。

第四十三条 违反本法第二十五条第二款规定，由有关主管部门责令改正，情节较轻的，给予警告、通报批评，或者处五万元以上五十万元以下罚款；情节严重的，处五十万元以上五百万元以下罚款，并可以由有关主管部门责令暂停相关业务、停业整顿、关闭网站或者应用程序，对其直接负责的主管人员和其他直接责任人员，处一万元以上二十万元以下罚款。

第四十四条　违反本法第三十一条第一款规定的，没收违法所得，由公安机关处违法所得一倍以上十倍以下罚款，没有违法所得或者违法所得不足二万元的，处二十万元以下罚款；情节严重的，并处十五日以下拘留。

第四十五条　反电信网络诈骗工作有关部门、单位的工作人员滥用职权、玩忽职守、徇私舞弊，或者有其他违反本法规定行为，构成犯罪的，依法追究刑事责任。

第四十六条　组织、策划、实施、参与电信网络诈骗活动或者为电信网络诈骗活动提供相关帮助的违法犯罪人员，除依法承担刑事责任、行政责任以外，造成他人损害的，依照《中华人民共和国民法典》等法律的规定承担民事责任。

电信业务经营者、银行业金融机构、非银行支付机构、互联网服务提供者等违反本法规定，造成他人损害的，依照《中华人民共和国民法典》等法律的规定承担民事责任。

第四十七条　人民检察院在履行反电信网络诈骗职责中，对于侵害国家利益和社会公共利益的行为，可以依法向人民法院提起公益诉讼。

三、司法解释

最高人民法院、最高人民检察院
《关于办理诈骗刑事案件具体应用法律问题的解释》

（2011 年 2 月 21 日最高人民法院审判委员会第 1512 次会议、2010 年 11 月 24 日最高人民检察院第十一届检察委员会第 49 次会议通过　2011 年 4 月 8 日施行　法释〔2011〕7 号）

为依法惩治诈骗犯罪活动，保护公私财产所有权，根据刑法、刑事诉讼法有关规定，结合司法实践的需要，现就办理诈骗刑事案件具体应用法律的若干问题解释如下：

第一条　诈骗公私财物价值三千元至一万元以上、三万元至十万元以上、五十万元以上的，应当分别认定为刑法第二百六十六条规定的“数额较大”、“数额巨大”、“数额特别巨大”。

各省、自治区、直辖市高级人民法院、人民检察院可以结合本地区经济社会发展状况，在前款规定的数额幅度内，共同研究确定本地区执行的具体数额标准，报最高人民法院、最高人民检察院备案。

第二条　诈骗公私财物达到本解释第一条规定的数额标准，具有下列情形之一的，可以依照刑法第二百六十六条的规定酌情从严惩处：

（一）通过发送短信、拨打电话或者利用互联网、广播电视、报刊杂志等发布虚假信息，对不特定多数人实施诈骗的；

（二）诈骗救灾、抢险、防汛、优抚、扶贫、移民、救济、医疗款物的；

（三）以赈灾募捐名义实施诈骗的；

（四）诈骗残疾人、老年人或者丧失劳动能力人的财物的；

（五）造成被害人自杀、精神失常或者其他严重后果的。

诈骗数额接近本解释第一条规定的“数额巨大”、“数额特别巨大”的标准，并具有前款规定的情形之一或者属于诈骗集团首要分子的，应当分别认定为刑法第二百六十六条规定的“其他严重情节”、“其他特别严重情节”。

第三条　诈骗公私财物虽已达到本解释第一条规定的“数额较大”的标准，但具有下列情形之一，且行为人认罪、悔罪的，可以根据刑法第三十七条、刑事诉讼法第一百四十二条[①]的规定不起诉或者免予刑事处罚：

（一）具有法定从宽处罚情节的；

（二）一审宣判前全部退赃、退赔的；

（三）没有参与分赃或者获赃较少且不是主犯的；

（四）被害人谅解的；

（五）其他情节轻微、危害不大的。

第四条　诈骗近亲属的财物，近亲属谅解的，一般可不按犯罪处理。

诈骗近亲属的财物，确有追究刑事责任必要的，具体处理也应酌情从宽。

第五条　诈骗未遂，以数额巨大的财物为诈骗目标的，或者具有其他严重情节的，应当定罪处罚。

利用发送短信、拨打电话、互联网等电信技术手段对不特定多数

---

① 2018 年《刑事诉讼法》第 177 条。——编者注

人实施诈骗，诈骗数额难以查证，但具有下列情形之一的，应当认定为刑法第二百六十六条规定的“其他严重情节”，以诈骗罪（未遂）定罪处罚：

（一）发送诈骗信息五千条以上的；

（二）拨打诈骗电话五百人次以上的；

（三）诈骗手段恶劣、危害严重的。

实施前款规定行为，数量达到前款第（一）、（二）项规定标准十倍以上的，或者诈骗手段特别恶劣、危害特别严重的，应当认定为刑法第二百六十六条规定的“其他特别严重情节”，以诈骗罪（未遂）定罪处罚。

第六条 诈骗既有既遂，又有未遂，分别达到不同量刑幅度的，依照处罚较重的规定处罚；达到同一量刑幅度的，以诈骗罪既遂处罚。

第七条 明知他人实施诈骗犯罪，为其提供信用卡、手机卡、通讯工具、通讯传输通道、网络技术支持、费用结算等帮助的，以共同犯罪论处。

第八条 冒充国家机关工作人员进行诈骗，同时构成诈骗罪和招摇撞骗罪的，依照处罚较重的规定定罪处罚。

第九条 案发后查封、扣押、冻结在案的诈骗财物及其孳息，权属明确的，应当发还被害人；权属不明确的，可按被骗款物占查封、扣押、冻结在案的财物及其孳息总额的比例发还被害人，但已获退赔的应予扣除。

第十条 行为人已将诈骗财物用于清偿债务或者转让给他人，具有下列情形之一的，应当依法追缴：

（一）对方明知是诈骗财物而收取的；

（二）对方无偿取得诈骗财物的；

（三）对方以明显低于市场的价格取得诈骗财物的；

（四）对方取得诈骗财物系源于非法债务或者违法犯罪活动的。

他人善意取得诈骗财物的，不予追缴。

第十一条　以前发布的司法解释与本解释不一致的，以本解释为准。

最高人民法院、最高人民检察院《关于办理侵犯公民个人信息刑事案件适用法律若干问题的解释》

（2017年3月20日最高人民法院审判委员会第1712次会议、2017年4月26日最高人民检察院第十二届检察委员会第63次会议通过　2017年6月1日施行　法释〔2017〕10号）

为依法惩治侵犯公民个人信息犯罪活动，保护公民个人信息安全和合法权益，根据《中华人民共和国刑法》《中华人民共和国刑事诉讼法》的有关规定，现就办理此类刑事案件适用法律的若干问题解释如下：

第一条　刑法第二百五十三条之一规定的“公民个人信息”，是指以电子或者其他方式记录的能够单独或者与其他信息结合识别特定自然人身份或者反映特定自然人活动情况的各种信息，包括姓名、身份证件号码、通信通讯联系方式、住址、账号密码、财产状况、行踪轨迹等。

第二条　违反法律、行政法规、部门规章有关公民个人信息保护的规定的，应当认定为刑法第二百五十三条之一规定的“违反国家有关规定”。

第三条　向特定人提供公民个人信息，以及通过信息网络或者其他途径发布公民个人信息的，应当认定为刑法第二百五十三条之一规定的“提供公民个人信息”。

未经被收集者同意，将合法收集的公民个人信息向他人提供的，属于刑法第二百五十三条之一规定的“提供公民个人信息”，但是经过处理无法识别特定个人且不能复原的除外。

第四条 违反国家有关规定，通过购买、收受、交换等方式获取公民个人信息，或者在履行职责、提供服务过程中收集公民个人信息的，属于刑法第二百五十三条之一第三款规定的“以其他方法非法获取公民个人信息”。

第五条 非法获取、出售或者提供公民个人信息，具有下列情形之一的，应当认定为刑法第二百五十三条之一规定的“情节严重”：

（一）出售或者提供行踪轨迹信息，被他人用于犯罪的；

（二）知道或者应当知道他人利用公民个人信息实施犯罪，向其出售或者提供的；

（三）非法获取、出售或者提供行踪轨迹信息、通信内容、征信信息、财产信息五十条以上的；

（四）非法获取、出售或者提供住宿信息、通信记录、健康生理信息、交易信息等其他可能影响人身、财产安全的公民个人信息五百条以上的；

（五）非法获取、出售或者提供第三项、第四项规定以外的公民个人信息五千条以上的；

（六）数量未达到第三项至第五项规定标准，但是按相应比例合计达到有关数量标准的；

（七）违法所得五千元以上的；

（八）将在履行职责或者提供服务过程中获得的公民个人信息出售或者提供给他人，数量或者数额达到第三项至第七项规定标准一半以上的；

（九）曾因侵犯公民个人信息受过刑事处罚或者二年内受过行政处罚，又非法获取、出售或者提供公民个人信息的；

（十）其他情节严重的情形。

实施前款规定的行为，具有下列情形之一的，应当认定为刑法第二百五十三条之一第一款规定的“情节特别严重”：

（一）造成被害人死亡、重伤、精神失常或者被绑架等严重后果的；

（二）造成重大经济损失或者恶劣社会影响的；

（三）数量或者数额达到前款第三项至第八项规定标准十倍以上的；

（四）其他情节特别严重的情形。

第六条　为合法经营活动而非法购买、收受本解释第五条第一款第三项、第四项规定以外的公民个人信息，具有下列情形之一的，应当认定为刑法第二百五十三条之一规定的“情节严重”：

（一）利用非法购买、收受的公民个人信息获利五万元以上的；

（二）曾因侵犯公民个人信息受过刑事处罚或者二年内受过行政处罚，又非法购买、收受公民个人信息的；

（三）其他情节严重的情形。

实施前款规定的行为，将购买、收受的公民个人信息非法出售或者提供的，定罪量刑标准适用本解释第五条的规定。

第七条　单位犯刑法第二百五十三条之一规定之罪的，依照本解释规定的相应自然人犯罪的定罪量刑标准，对直接负责的主管人员和其他直接责任人员定罪处罚，并对单位判处罚金。

第八条　设立用于实施非法获取、出售或者提供公民个人信息违法犯罪活动的网站、通讯群组，情节严重的，应当依照刑法第二百八十七条之一的规定，以非法利用信息网络罪定罪处罚；同时构成侵犯公民个人信息罪的，依照侵犯公民个人信息罪定罪处罚。

第九条 网络服务提供者拒不履行法律、行政法规规定的信息网络安全管理义务，经监管部门责令采取改正措施而拒不改正，致使用户的公民个人信息泄露，造成严重后果的，应当依照刑法第二百八十六条之一的规定，以拒不履行信息网络安全管理义务罪定罪处罚。

第十条 实施侵犯公民个人信息犯罪，不属于“情节特别严重”，行为人系初犯，全部退赃，并确有悔罪表现的，可以认定为情节轻微，不起诉或者免予刑事处罚；确有必要判处刑罚的，应当从宽处罚。

第十一条 非法获取公民个人信息后又出售或者提供的，公民个人信息的条数不重复计算。

向不同单位或者个人分别出售、提供同一公民个人信息的，公民个人信息的条数累计计算。

对批量公民个人信息的条数，根据查获的数量直接认定，但是有证据证明信息不真实或者重复的除外。

第十二条 对于侵犯公民个人信息犯罪，应当综合考虑犯罪的危害程度、犯罪的违法所得数额以及被告人的前科情况、认罪悔罪态度等，依法判处罚金。罚金数额一般在违法所得的一倍以上五倍以下。

第十三条 本解释自 2017 年 6 月 1 日起施行。

最高人民法院、最高人民检察院《关于办理扰乱无线电通讯管理秩序等刑事案件适用法律若干问题的解释》

（2017年4月17日最高人民法院审判委员会第1715次会议、2017年5月25日最高人民检察院第十二届检察委员会第64次会议通过 2017年7月1日施行 法释〔2017〕11号）

为依法惩治扰乱无线电通讯管理秩序犯罪，根据《中华人民共和国刑法》《中华人民共和国刑事诉讼法》的有关规定，现就办理此类刑事案件适用法律的若干问题解释如下：

第一条 具有下列情形之一的，应当认定为刑法第二百八十八条第一款规定的“擅自设置、使用无线电台（站），或者擅自使用无线电频率，干扰无线电通讯秩序”：

（一）未经批准设置无线电广播电台（以下简称“黑广播”），非法使用广播电视专用频段的频率的；

（二）未经批准设置通信基站（以下简称“伪基站”），强行向不特定用户发送信息，非法使用公众移动通信频率的；

（三）未经批准使用卫星无线电频率的；

（四）非法设置、使用无线电干扰器的；

（五）其他擅自设置、使用无线电台（站），或者擅自使用无线电频率，干扰无线电通讯秩序的情形。

第二条 违反国家规定，擅自设置、使用无线电台（站），或者擅自使用无线电频率，干扰无线电通讯秩序，具有下列情形之一的，应当认定为刑法第二百八十八条第一款规定的“情节严重”：

（一）影响航天器、航空器、铁路机车、船舶专用无线电导航、遇险救助和安全通信等涉及公共安全的无线电频率正常使用的；

（二）自然灾害、事故灾难、公共卫生事件、社会安全事件等突发事件期间，在事件发生地使用“黑广播”“伪基站”的；

（三）举办国家或者省级重大活动期间，在活动场所及周边使用“黑广播”“伪基站”的；

（四）同时使用三个以上“黑广播”“伪基站”的；

（五）“黑广播”的实测发射功率五百瓦以上，或者覆盖范围十公里以上的；

（六）使用“伪基站”发送诈骗、赌博、招嫖、木马病毒、钓鱼网站链接等违法犯罪信息，数量在五千条以上，或者销毁发送数量等记录的；

（七）雇佣、指使未成年人、残疾人等特定人员使用“伪基站”的；

（八）违法所得三万元以上的；

（九）曾因扰乱无线电通讯管理秩序受过刑事处罚，或者二年内曾因扰乱无线电通讯管理秩序受过行政处罚，又实施刑法第二百八十八条规定的行为的；

（十）其他情节严重的情形。

第三条 违反国家规定，擅自设置、使用无线电台（站），或者擅自使用无线电频率，干扰无线电通讯秩序，具有下列情形之一的，应当认定为刑法第二百八十八条第一款规定的“情节特别严重”：

（一）影响航天器、航空器、铁路机车、船舶专用无线电导航、遇险救助和安全通信等涉及公共安全的无线电频率正常使用，危及公共安全的；

（二）造成公共秩序混乱等严重后果的；

（三）自然灾害、事故灾难、公共卫生事件和社会安全事件等突发事件期间，在事件发生地使用“黑广播”“伪基站”，造成严重影响的；

（四）对国家或者省级重大活动造成严重影响的；

（五）同时使用十个以上“黑广播”“伪基站”的；

（六）“黑广播”的实测发射功率三千瓦以上，或者覆盖范围二十公里以上的；

（七）违法所得十五万元以上的；

（八）其他情节特别严重的情形。

第四条　非法生产、销售“黑广播”“伪基站”、无线电干扰器等无线电设备，具有下列情形之一的，应当认定为刑法第二百二十五条规定的“情节严重”：

（一）非法生产、销售无线电设备三套以上的；

（二）非法经营数额五万元以上的；

（三）其他情节严重的情形。

实施前款规定的行为，数量或者数额达到前款第一项、第二项规定标准五倍以上，或者具有其他情节特别严重的情形的，应当认定为刑法第二百二十五条规定的“情节特别严重”。

在非法生产、销售无线电设备窝点查扣的零件，以组装完成的套数以及能够组装的套数认定；无法组装为成套设备的，每三套广播信号调制器（激励器）认定为一套“黑广播”设备，每三块主板认定为一套“伪基站”设备。

第五条　单位犯本解释规定之罪的，对单位判处罚金，并对直接负责的主管人员和其他直接责任人员，依照本解释规定的自然人犯罪的定罪量刑标准定罪处罚。

第六条　擅自设置、使用无线电台（站），或者擅自使用无线电频率，同时构成其他犯罪的，按照处罚较重的规定定罪处罚。

明知他人实施诈骗等犯罪，使用“黑广播”“伪基站”等无线电设备为其发送信息或者提供其他帮助，同时构成其他犯罪的，按照处罚较重的规定定罪处罚。

第七条 负有无线电监督管理职责的国家机关工作人员滥用职权或者玩忽职守，致使公共财产、国家和人民利益遭受重大损失的，应当依照刑法第三百九十七条的规定，以滥用职权罪或者玩忽职守罪追究刑事责任。

有查禁扰乱无线电管理秩序犯罪活动职责的国家机关工作人员，向犯罪分子通风报信、提供便利，帮助犯罪分子逃避处罚的，应当依照刑法第四百一十七条的规定，以帮助犯罪分子逃避处罚罪追究刑事责任；事先通谋的，以共同犯罪论处。

第八条 为合法经营活动，使用“黑广播”“伪基站”或者实施其他扰乱无线电通讯管理秩序的行为，构成扰乱无线电通讯管理秩序罪，但不属于“情节特别严重”，行为人系初犯，并确有悔罪表现的，可以认定为情节轻微，不起诉或者免予刑事处罚；确有必要判处刑罚的，应当从宽处罚。

第九条 对案件所涉的有关专门性问题难以确定的，依据司法鉴定机构出具的鉴定意见，或者下列机构出具的报告，结合其他证据作出认定：

（一）省级以上无线电管理机构、省级无线电管理机构依法设立的派出机构、地市级以上广播电视主管部门就是否系“伪基站”“黑广播”出具的报告；

（二）省级以上广播电视主管部门及其指定的检测机构就“黑广播”功率、覆盖范围出具的报告；

（三）省级以上航空、铁路、船舶等主管部门就是否干扰导航、通信等出具的报告。

对移动终端用户受影响的情况，可以依据相关通信运营商出具的证明，结合被告人供述、终端用户证言等证据作出认定。

第十条　本解释自2017年7月1日起施行。

最高人民法院、最高人民检察院《关于办理妨害信用卡管理刑事案件具体应用法律若干问题的解释》

（2009年10月12日最高人民法院审判委员会第1475次会议、2009年11月12日最高人民检察院第十一届检察委员会第二十二次会议通过　根据2018年7月30日最高人民法院审判委员会第1745次会议、2018年10月19日最高人民检察院第十三届检察委员会第七次会议通过的《最高人民法院、最高人民检察院关于修改〈关于办理妨害信用卡管理刑事案件具体应用法律若干问题的解释〉的决定》修正　2018年12月1日施行　法释〔2018〕19号）

为依法惩治妨害信用卡管理犯罪活动，维护信用卡管理秩序和持卡人合法权益，根据《中华人民共和国刑法》规定，现就办理这类刑事案件具体应用法律的若干问题解释如下：

第一条　复制他人信用卡、将他人信用卡信息资料写入磁条介质、芯片或者以其他方法伪造信用卡一张以上的，应当认定为刑法第一百七十七条第一款第四项规定的“伪造信用卡”，以伪造金融票证罪定罪处罚。

伪造空白信用卡十张以上的，应当认定为刑法第一百七十七条第一款第四项规定的“伪造信用卡”，以伪造金融票证罪定罪处罚。

伪造信用卡，有下列情形之一的，应当认定为刑法第一百七十七条规定的“情节严重”：

（一）伪造信用卡五张以上不满二十五张的；

（二）伪造的信用卡内存款余额、透支额度单独或者合计数额在二十万元以上不满一百万元的；

（三）伪造空白信用卡五十张以上不满二百五十张的；

（四）其他情节严重的情形。

伪造信用卡，有下列情形之一的，应当认定为刑法第一百七十七条规定的“情节特别严重”：

（一）伪造信用卡二十五张以上的；

（二）伪造的信用卡内存款余额、透支额度单独或者合计数额在一百万元以上的；

（三）伪造空白信用卡二百五十张以上的；

（四）其他情节特别严重的情形。

本条所称“信用卡内存款余额、透支额度”，以信用卡被伪造后发卡行记录的最高存款余额、可透支额度计算。

第二条 明知是伪造的空白信用卡而持有、运输十张以上不满一百张的，应当认定为刑法第一百七十七条之一第一款第一项规定的“数量较大”；非法持有他人信用卡五张以上不满五十张的，应当认定为刑法第一百七十七条之一第一款第二项规定的“数量较大”。

有下列情形之一的，应当认定为刑法第一百七十七条之一第一款规定的“数量巨大”：

（一）明知是伪造的信用卡而持有、运输十张以上的；

（二）明知是伪造的空白信用卡而持有、运输一百张以上的；

（三）非法持有他人信用卡五十张以上的；

（四）使用虚假的身份证明骗领信用卡十张以上的；

（五）出售、购买、为他人提供伪造的信用卡或者以虚假的身份证明骗领的信用卡十张以上的。

违背他人意愿，使用其居民身份证、军官证、士兵证、港澳居民往来内地通行证、台湾居民来往大陆通行证、护照等身份证明申领信用卡的，或者使用伪造、变造的身份证明申领信用卡的，应当认定为刑法第一百七十七条之一第一款第三项规定的“使用虚假的身份证明骗领信用卡”。

第三条　窃取、收买、非法提供他人信用卡信息资料，足以伪造可进行交易的信用卡，或者足以使他人以信用卡持卡人名义进行交易，涉及信用卡一张以上不满五张的，依照刑法第一百七十七条之一第二款的规定，以窃取、收买、非法提供信用卡信息罪定罪处罚；涉及信用卡五张以上的，应当认定为刑法第一百七十七条之一第一款规定的“数量巨大”。

第四条　为信用卡申请人制作、提供虚假的财产状况、收入、职务等资信证明材料，涉及伪造、变造、买卖国家机关公文、证件、印章，或者涉及伪造公司、企业、事业单位、人民团体印章，应当追究刑事责任的，依照刑法第二百八十条的规定，分别以伪造、变造、买卖国家机关公文、证件、印章罪和伪造公司、企业、事业单位、人民团体印章罪定罪处罚。

承担资产评估、验资、验证、会计、审计、法律服务等职责的中介组织或其人员，为信用卡申请人提供虚假的财产状况、收入、职务等资信证明材料，应当追究刑事责任的，依照刑法第二百二十九条的规定，分别以提供虚假证明文件罪和出具证明文件重大失实罪定罪处罚。

第五条　使用伪造的信用卡、以虚假的身份证明骗领的信用卡、作废的信用卡或者冒用他人信用卡，进行信用卡诈骗活动，数额在五千元以上不满五万元的，应当认定为刑法第一百九十六条规定的“数额较大”；数额在五万元以上不满五十万元的，应当认定为刑法第一百九十六条规定的“数额巨大”；数额在五十万元以上的，应当认定为刑法第一百九十六条规定的“数额特别巨大”。

刑法第一百九十六条第一款第三项所称“冒用他人信用卡”，包括以下情形：

（一）拾得他人信用卡并使用的；

（二）骗取他人信用卡并使用的；

（三）窃取、收买、骗取或者以其他非法方式获取他人信用卡信息资料，并通过互联网、通讯终端等使用的；

（四）其他冒用他人信用卡的情形。

第六条 持卡人以非法占有为目的，超过规定限额或者规定期限透支，经发卡银行两次有效催收后超过三个月仍不归还的，应当认定为刑法第一百九十六条规定的“恶意透支”。

对于是否以非法占有为目的，应当综合持卡人信用记录、还款能力和意愿、申领和透支信用卡的状况、透支资金的用途、透支后的表现、未按规定还款的原因等情节作出判断。不得单纯依据持卡人未按规定还款的事实认定非法占有目的。

具有以下情形之一的，应当认定为刑法第一百九十六条第二款规定的“以非法占有为目的”，但有证据证明持卡人确实不具有非法占有目的的除外：

（一）明知没有还款能力而大量透支，无法归还的；

（二）使用虚假资信证明申领信用卡后透支，无法归还的；

（三）透支后通过逃匿、改变联系方式等手段，逃避银行催收的；

（四）抽逃、转移资金，隐匿财产，逃避还款的；

（五）使用透支的资金进行犯罪活动的；

（六）其他非法占有资金，拒不归还的情形。

第七条 催收同时符合下列条件的，应当认定为本解释第六条规定的“有效催收”：

（一）在透支超过规定限额或者规定期限后进行；

（二）催收应当采用能够确认持卡人收悉的方式，但持卡人故意逃避催收的除外；

（三）两次催收至少间隔三十日；

（四）符合催收的有关规定或者约定。

对于是否属于有效催收，应当根据发卡银行提供的电话录音、信息送达记录、信函送达回执、电子邮件送达记录、持卡人或者其家属签字以及其他催收原始证据材料作出判断。

发卡银行提供的相关证据材料，应当有银行工作人员签名和银行公章。

第八条　恶意透支，数额在五万元以上不满五十万元的，应当认定为刑法第一百九十六条规定的“数额较大”；数额在五十万元以上不满五百万元的，应当认定为刑法第一百九十六条规定的“数额巨大”；数额在五百万元以上的，应当认定为刑法第一百九十六条规定的“数额特别巨大”。

第九条　恶意透支的数额，是指公安机关刑事立案时尚未归还的实际透支的本金数额，不包括利息、复利、滞纳金、手续费等发卡银行收取的费用。归还或者支付的数额，应当认定为归还实际透支的本金。

检察机关在审查起诉、提起公诉时，应当根据发卡银行提供的交易明细、分类账单（透支账单、还款账单）等证据材料，结合犯罪嫌疑人、被告人及其辩护人所提辩解、辩护意见及相关证据材料，审查认定恶意透支的数额；恶意透支的数额难以确定的，应当依据司法会计、审计报告，结合其他证据材料审查认定。人民法院在审判过程中，应当在对上述证据材料查证属实的基础上，对恶意透支的数额作出认定。

发卡银行提供的相关证据材料，应当有银行工作人员签名和银行公章。

第十条 恶意透支数额较大，在提起公诉前全部归还或者具有其他情节轻微情形的，可以不起诉；在一审判决前全部归还或者具有其他情节轻微情形的，可以免予刑事处罚。但是，曾因信用卡诈骗受过两次以上处罚的除外。

第十一条 发卡银行违规以信用卡透支形式变相发放贷款，持卡人未按规定归还的，不适用刑法第一百九十六条“恶意透支”的规定。构成其他犯罪的，以其他犯罪论处。

第十二条 违反国家规定，使用销售点终端机具（POS 机）等方法，以虚构交易、虚开价格、现金退货等方式向信用卡持卡人直接支付现金，情节严重的，应当依据刑法第二百二十五条的规定，以非法经营罪定罪处罚。

实施前款行为，数额在一百万元以上的，或者造成金融机构资金二十万元以上逾期未还的，或者造成金融机构经济损失十万元以上的，应当认定为刑法第二百二十五条规定的“情节严重”；数额在五百万元以上的，或者造成金融机构资金一百万元以上逾期未还的，或者造成金融机构经济损失五十万元以上的，应当认定为刑法第二百二十五条规定的“情节特别严重”。

持卡人以非法占有为目的，采用上述方式恶意透支，应当追究刑事责任的，依照刑法第一百九十六条的规定，以信用卡诈骗罪定罪处罚。

第十三条 单位实施本解释规定的行为，适用本解释规定的相应自然人犯罪的定罪量刑标准。

最高人民法院、最高人民检察院《关于办理非法利用信息网络、帮助信息网络犯罪活动等刑事案件适用法律若干问题的解释》

（2019年6月3日最高人民法院审判委员会第1771次会议、2019年9月4日最高人民检察院第十三届检察委员会第二十三次会议通过　2019年11月1日施行　法释〔2019〕15号）

为依法惩治拒不履行信息网络安全管理义务、非法利用信息网络、帮助信息网络犯罪活动等犯罪，维护正常网络秩序，根据《中华人民共和国刑法》《中华人民共和国刑事诉讼法》的规定，现就办理此类刑事案件适用法律的若干问题解释如下：

第一条　提供下列服务的单位和个人，应当认定为刑法第二百八十六条之一第一款规定的“网络服务提供者”：

（一）网络接入、域名注册解析等信息网络接入、计算、存储、传输服务；

（二）信息发布、搜索引擎、即时通讯、网络支付、网络预约、网络购物、网络游戏、网络直播、网站建设、安全防护、广告推广、应用商店等信息网络应用服务；

（三）利用信息网络提供的电子政务、通信、能源、交通、水利、金融、教育、医疗等公共服务。

第二条　刑法第二百八十六条之一第一款规定的“监管部门责令采取改正措施”，是指网信、电信、公安等依照法律、行政法规的规定承担信息网络安全监管职责的部门，以责令整改通知书或者其他文书形式，责令网络服务提供者采取改正措施。

认定“经监管部门责令采取改正措施而拒不改正”，应当综合考虑监管部门责令改正是否具有法律、行政法规依据，改正措施及期限要求是否明确、合理，网络服务提供者是否具有按照要求采取改正措施的能力等因素进行判断。

第三条 拒不履行信息网络安全管理义务，具有下列情形之一的，应当认定为刑法第二百八十六条之一第一款第一项规定的“致使违法信息大量传播”：

（一）致使传播违法视频文件二百个以上的；

（二）致使传播违法视频文件以外的其他违法信息二千个以上的；

（三）致使传播违法信息，数量虽未达到第一项、第二项规定标准，但是按相应比例折算合计达到有关数量标准的；

（四）致使向二千个以上用户账号传播违法信息的；

（五）致使利用群组成员账号数累计三千以上的通讯群组或者关注人员账号数累计三万以上的社交网络传播违法信息的；

（六）致使违法信息实际被点击数达到五万以上的；

（七）其他致使违法信息大量传播的情形。

第四条 拒不履行信息网络安全管理义务，致使用户信息泄露，具有下列情形之一的，应当认定为刑法第二百八十六条之一第一款第二项规定的“造成严重后果”：

（一）致使泄露行踪轨迹信息、通信内容、征信信息、财产信息五百条以上的；

（二）致使泄露住宿信息、通信记录、健康生理信息、交易信息等其他可能影响人身、财产安全的用户信息五千条以上的；

（三）致使泄露第一项、第二项规定以外的用户信息五万条以上的；

（四）数量虽未达到第一项至第三项规定标准，但是按相应比例折算合计达到有关数量标准的；

（五）造成他人死亡、重伤、精神失常或者被绑架等严重后果的；

（六）造成重大经济损失的；

（七）严重扰乱社会秩序的；

（八）造成其他严重后果的。

第五条　拒不履行信息网络安全管理义务，致使影响定罪量刑的刑事案件证据灭失，具有下列情形之一的，应当认定为刑法第二百八十六条之一第一款第三项规定的“情节严重”：

（一）造成危害国家安全犯罪、恐怖活动犯罪、黑社会性质组织犯罪、贪污贿赂犯罪案件的证据灭失的；

（二）造成可能判处五年有期徒刑以上刑罚犯罪案件的证据灭失的；

（三）多次造成刑事案件证据灭失的；

（四）致使刑事诉讼程序受到严重影响的；

（五）其他情节严重的情形。

第六条　拒不履行信息网络安全管理义务，具有下列情形之一的，应当认定为刑法第二百八十六条之一第一款第四项规定的“有其他严重情节”：

（一）对绝大多数用户日志未留存或者未落实真实身份信息认证义务的；

（二）二年内经多次责令改正拒不改正的；

（三）致使信息网络服务被主要用于违法犯罪的；

（四）致使信息网络服务、网络设施被用于实施网络攻击，严重影响生产、生活的；

（五）致使信息网络服务被用于实施危害国家安全犯罪、恐怖活动犯罪、黑社会性质组织犯罪、贪污贿赂犯罪或者其他重大犯罪的；

（六）致使国家机关或者通信、能源、交通、水利、金融、教育、医疗等领域提供公共服务的信息网络受到破坏，严重影响生产、生活的；

（七）其他严重违反信息网络安全管理义务的情形。

第七条 刑法第二百八十七条之一规定的“违法犯罪”，包括犯罪行为和属于刑法分则规定的行为类型但尚未构成犯罪的违法行为。

第八条 以实施违法犯罪活动为目的而设立或者设立后主要用于实施违法犯罪活动的网站、通讯群组，应当认定为刑法第二百八十七条之一第一款第一项规定的“用于实施诈骗、传授犯罪方法、制作或者销售违禁物品、管制物品等违法犯罪活动的网站、通讯群组”。

第九条 利用信息网络提供信息的链接、截屏、二维码、访问账号密码及其他指引访问服务的，应当认定为刑法第二百八十七条之一第一款第二项、第三项规定的“发布信息”。

第十条 非法利用信息网络，具有下列情形之一的，应当认定为刑法第二百八十七条之一第一款规定的“情节严重”：

（一）假冒国家机关、金融机构名义，设立用于实施违法犯罪活动的网站的；

（二）设立用于实施违法犯罪活动的网站，数量达到三个以上或者注册账号数累计达到二千以上的；

（三）设立用于实施违法犯罪活动的通讯群组，数量达到五个以上或者群组成员账号数累计达到一千以上的；

（四）发布有关违法犯罪的信息或者为实施违法犯罪活动发布信息，具有下列情形之一的：

1. 在网站上发布有关信息一百条以上的；

2. 向二千个以上用户账号发送有关信息的；

3. 向群组成员数累计达到三千以上的通讯群组发送有关信息的；

4. 利用关注人员账号数累计达到三万以上的社交网络传播有关信息的；

（五）违法所得一万元以上的；

（六）二年内曾因非法利用信息网络、帮助信息网络犯罪活动、危害计算机信息系统安全受过行政处罚，又非法利用信息网络的；

（七）其他情节严重的情形。

第十一条　为他人实施犯罪提供技术支持或者帮助，具有下列情形之一的，可以认定行为人明知他人利用信息网络实施犯罪，但是有相反证据的除外：

（一）经监管部门告知后仍然实施有关行为的；

（二）接到举报后不履行法定管理职责的；

（三）交易价格或者方式明显异常的；

（四）提供专门用于违法犯罪的程序、工具或者其他技术支持、帮助的；

（五）频繁采用隐蔽上网、加密通信、销毁数据等措施或者使用虚假身份，逃避监管或者规避调查的；

（六）为他人逃避监管或者规避调查提供技术支持、帮助的；

（七）其他足以认定行为人明知的情形。

第十二条　明知他人利用信息网络实施犯罪，为其犯罪提供帮助，具有下列情形之一的，应当认定为刑法第二百八十七条之二第一款规定的“情节严重”：

（一）为三个以上对象提供帮助的；

（二）支付结算金额二十万元以上的；

（三）以投放广告等方式提供资金五万元以上的；

（四）违法所得一万元以上的；

（五）二年内曾因非法利用信息网络、帮助信息网络犯罪活动、危害计算机信息系统安全受过行政处罚，又帮助信息网络犯罪活动的；

（六）被帮助对象实施的犯罪造成严重后果的；

（七）其他情节严重的情形。

实施前款规定的行为，确因客观条件限制无法查证被帮助对象是否达到犯罪的程度，但相关数额总计达到前款第二项至第四项规定标准五倍以上，或者造成特别严重后果的，应当以帮助信息网络犯罪活动罪追究行为人的刑事责任。

第十三条 被帮助对象实施的犯罪行为可以确认，但尚未到案、尚未依法裁判或者因未达到刑事责任年龄等原因依法未予追究刑事责任的，不影响帮助信息网络犯罪活动罪的认定。

第十四条 单位实施本解释规定的犯罪的，依照本解释规定的相应自然人犯罪的定罪量刑标准，对直接负责的主管人员和其他直接责任人员定罪处罚，并对单位判处罚金。

第十五条 综合考虑社会危害程度、认罪悔罪态度等情节，认为犯罪情节轻微的，可以不起诉或者免予刑事处罚；情节显著轻微危害不大的，不以犯罪论处。

第十六条 多次拒不履行信息网络安全管理义务、非法利用信息网络、帮助信息网络犯罪活动构成犯罪，依法应当追诉的，或者二年内多次实施前述行为未经处理的，数量或者数额累计计算。

第十七条 对于实施本解释规定的犯罪被判处刑罚的，可以根据犯罪情况和预防再犯罪的需要，依法宣告职业禁止；被判处管制、宣告缓刑的，可以根据犯罪情况，依法宣告禁止令。

第十八条 对于实施本解释规定的犯罪的，应当综合考虑犯罪的危害程度、违法所得数额以及被告人的前科情况、认罪悔罪态度等，依法判处罚金。

第十九条 本解释自 2019 年 11 月 1 日起施行。

最高人民法院《关于审理掩饰、隐瞒犯罪所得、犯罪所得收益刑事案件适用法律若干问题的解释》

（2015 年 5 月 11 日最高人民法院审判委员会第 1651 次会议通过　根据 2021 年 4 月 7 日最高人民法院审判委员会第 1835 次会议《关于修改〈关于审理掩饰、隐瞒犯罪所得、犯罪所得收益刑事案件适用法律若干问题的解释〉的决定》修正，2021 年 4 月 15 日施行　法释〔2021〕8 号）

为依法惩治掩饰、隐瞒犯罪所得、犯罪所得收益犯罪活动，根据刑法有关规定，结合人民法院刑事审判工作实际，现就审理此类案件具体适用法律的若干问题解释如下：

第一条　明知是犯罪所得及其产生的收益而予以窝藏、转移、收购、代为销售或者以其他方法掩饰、隐瞒，具有下列情形之一的，应当依照刑法第三百一十二条第一款的规定，以掩饰、隐瞒犯罪所得、犯罪所得收益罪定罪处罚：

（一）一年内曾因掩饰、隐瞒犯罪所得及其产生的收益行为受过行政处罚，又实施掩饰、隐瞒犯罪所得及其产生的收益行为的；

（二）掩饰、隐瞒的犯罪所得系电力设备、交通设施、广播电视设施、公用电信设施、军事设施或者救灾、抢险、防汛、优抚、扶贫、移民、救济款物的；

（三）掩饰、隐瞒行为致使上游犯罪无法及时查处，并造成公私财物损失无法挽回的；

（四）实施其他掩饰、隐瞒犯罪所得及其产生的收益行为，妨害司法机关对上游犯罪进行追究的。

人民法院审理掩饰、隐瞒犯罪所得、犯罪所得收益刑事案件，应综合考虑上游犯罪的性质、掩饰、隐瞒犯罪所得及其收益的情节、后果及社会危害程度等，依法定罪处罚。

司法解释对掩饰、隐瞒涉及计算机信息系统数据、计算机信息系统控制权的犯罪所得及其产生的收益行为构成犯罪已有规定的，审理此类案件依照该规定。

依照全国人民代表大会常务委员会《关于〈中华人民共和国刑法〉第三百四十一条、第三百一十二条的解释》，明知是非法狩猎的野生动物而收购，数量达到五十只以上的，以掩饰、隐瞒犯罪所得罪定罪处罚。

第二条 掩饰、隐瞒犯罪所得及其产生的收益行为符合本解释第一条的规定，认罪、悔罪并退赃、退赔，且具有下列情形之一的，可以认定为犯罪情节轻微，免予刑事处罚：

（一）具有法定从宽处罚情节的；

（二）为近亲属掩饰、隐瞒犯罪所得及其产生的收益，且系初犯、偶犯的；

（三）有其他情节轻微情形的。

第三条 掩饰、隐瞒犯罪所得及其产生的收益，具有下列情形之一的，应当认定为刑法第三百一十二条第一款规定的“情节严重”：

（一）掩饰、隐瞒犯罪所得及其产生的收益价值总额达到十万元以上的；

（二）掩饰、隐瞒犯罪所得及其产生的收益十次以上，或者三次以上且价值总额达到五万元以上的；

（三）掩饰、隐瞒的犯罪所得系电力设备、交通设施、广播电视设施、公用电信设施、军事设施或者救灾、抢险、防汛、优抚、扶贫、移民、救济款物，价值总额达到五万元以上的；

（四）掩饰、隐瞒行为致使上游犯罪无法及时查处，并造成公私财物重大损失无法挽回或其他严重后果的；

（五）实施其他掩饰、隐瞒犯罪所得及其产生的收益行为，严重妨害司法机关对上游犯罪予以追究的。

司法解释对掩饰、隐瞒涉及机动车、计算机信息系统数据、计算机信息系统控制权的犯罪所得及其产生的收益行为认定“情节严重”已有规定的，审理此类案件依照该规定。

第四条　掩饰、隐瞒犯罪所得及其产生的收益的数额，应当以实施掩饰、隐瞒行为时为准。收购或者代为销售财物的价格高于其实际价值的，以收购或者代为销售的价格计算。

多次实施掩饰、隐瞒犯罪所得及其产生的收益行为，未经行政处罚，依法应当追诉的，犯罪所得、犯罪所得收益的数额应当累计计算。

第五条　事前与盗窃、抢劫、诈骗、抢夺等犯罪分子通谋，掩饰、隐瞒犯罪所得及其产生的收益的，以盗窃、抢劫、诈骗、抢夺等犯罪的共犯论处。

第六条　对犯罪所得及其产生的收益实施盗窃、抢劫、诈骗、抢夺等行为，构成犯罪的，分别以盗窃罪、抢劫罪、诈骗罪、抢夺罪等定罪处罚。

第七条　明知是犯罪所得及其产生的收益而予以掩饰、隐瞒，构成刑法第三百一十二条规定的犯罪，同时构成其他犯罪的，依照处罚较重的规定定罪处罚。

第八条　认定掩饰、隐瞒犯罪所得、犯罪所得收益罪，以上游犯罪事实成立为前提。上游犯罪尚未依法裁判，但查证属实的，不影响掩饰、隐瞒犯罪所得、犯罪所得收益罪的认定。

上游犯罪事实经查证属实，但因行为人未达到刑事责任年龄等原因依法不予追究刑事责任的，不影响掩饰、隐瞒犯罪所得、犯罪所得收益罪的认定。

第九条 盗用单位名义实施掩饰、隐瞒犯罪所得及其产生的收益行为，违法所得由行为人私分的，依照刑法和司法解释有关自然人犯罪的规定定罪处罚。

第十条 通过犯罪直接得到的赃款、赃物，应当认定为刑法第三百一十二条规定的“犯罪所得”。上游犯罪的行为人对犯罪所得进行处理后得到的孳息、租金等，应当认定为刑法第三百一十二条规定的“犯罪所得产生的收益”。

明知是犯罪所得及其产生的收益而采取窝藏、转移、收购、代为销售以外的方法，如居间介绍买卖，收受，持有，使用，加工，提供资金账户，协助将财物转换为现金、金融票据、有价证券，协助将资金转移、汇往境外等，应当认定为刑法第三百一十二条规定的“其他方法”。

第十一条 掩饰、隐瞒犯罪所得、犯罪所得收益罪是选择性罪名，审理此类案件，应当根据具体犯罪行为及其指向的对象，确定适用的罪名。

四、司法解释性质文件

最高人民检察院
《人民检察院办理网络犯罪案件规定》

（2020 年 11 月 14 日最高人民检察院第十三届检察委员会第五十七次会议通过　2021 年 1 月 22 日施行）

第一章　一般规定

第一条　为规范人民检察院办理网络犯罪案件，维护国家安全、网络安全、社会公共利益，保护公民、法人和其他组织的合法权益，根据《中华人民共和国刑事诉讼法》《人民检察院刑事诉讼规则》等规定，结合司法实践，制定本规定。

第二条　本规定所称网络犯罪是指针对信息网络实施的犯罪，利用信息网络实施的犯罪，以及其他上下游关联犯罪。

第三条　人民检察院办理网络犯罪案件应当加强全链条惩治，注重审查和发现上下游关联犯罪线索。对涉嫌犯罪，公安机关未立案侦查、应当提请批准逮捕而未提请批准逮捕或者应当移送起诉而未移送起诉的，依法进行监督。

第四条　人民检察院办理网络犯罪案件应当坚持惩治犯罪与预防犯罪并举，建立捕、诉、监、防一体的办案机制，加强以案释法，发挥检察建议的作用，促进有关部门、行业组织、企业等加强网络犯罪预防和治理，净化网络空间。

第五条　网络犯罪案件的管辖适用刑事诉讼法及其他相关规定。

有多个犯罪地的，按照有利于查清犯罪事实、有利于保护被害人合法权益、保证案件公正处理的原则确定管辖。

因跨区域犯罪、共同犯罪、关联犯罪等原因存在管辖争议的，由争议的人民检察院协商解决，协商不成的，报请共同的上级人民检察院指定管辖。

第六条 人民检察院办理网络犯罪案件应当发挥检察一体化优势，加强跨区域协作办案，强化信息互通、证据移交、技术协作，增强惩治网络犯罪的合力。

第七条 人民检察院办理网络犯罪案件应当加强对电子数据收集、提取、保全、固定等的审查，充分运用同一电子数据往往具有的多元关联证明作用，综合运用电子数据与其他证据，准确认定案件事实。

第八条 建立检察技术人员、其他有专门知识的人参与网络犯罪案件办理制度。根据案件办理需要，吸收检察技术人员加入办案组辅助案件办理。积极探索运用大数据、云计算、人工智能等信息技术辅助办案，提高网络犯罪案件办理的专业化水平。

第九条 人民检察院办理网络犯罪案件，对集团犯罪或者涉案人数众多的，根据行为人的客观行为、主观恶性、犯罪情节及地位、作用等综合判断责任轻重和刑事追究的必要性，按照区别对待原则分类处理，依法追诉。

第十条 人民检察院办理网络犯罪案件应当把追赃挽损贯穿始终，主动加强与有关机关协作，保证及时查封、扣押、冻结涉案财物，阻断涉案财物移转链条，督促涉案人员退赃退赔。

第二章 引导取证和案件审查

第十一条 人民检察院办理网络犯罪案件应当重点围绕主体身份同一性、技术手段违法性、上下游行为关联性等方面全面审查案件事实和证据，注重电子数据与其他证据之间的相互印证，构建完整的证据体系。

第十二条　经公安机关商请，根据追诉犯罪的需要，人民检察院可以派员适时介入重大、疑难、复杂网络犯罪案件的侦查活动，并对以下事项提出引导取证意见：

（一）案件的侦查方向及可能适用的罪名；

（二）证据的收集、提取、保全、固定、检验、分析等；

（三）关联犯罪线索；

（四）追赃挽损工作；

（五）其他需要提出意见的事项。

人民检察院开展引导取证活动时，涉及专业性问题的，可以指派检察技术人员共同参与。

第十三条　人民检察院可以通过以下方式了解案件办理情况：

（一）查阅案件材料；

（二）参加公安机关对案件的讨论；

（三）了解讯（询）问犯罪嫌疑人、被害人、证人的情况；

（四）了解、参与电子数据的收集、提取；

（五）其他方式。

第十四条　人民检察院介入网络犯罪案件侦查活动，发现关联犯罪或其他新的犯罪线索，应当建议公安机关依法立案或移送相关部门；对于犯罪嫌疑人不构成犯罪的，依法监督公安机关撤销案件。

第十五条　人民检察院可以根据案件侦查情况，向公安机关提出以下取证意见：

（一）能够扣押、封存原始存储介质的，及时扣押、封存；

（二）扣押可联网设备时，及时采取信号屏蔽、信号阻断或者切断电源等方式，防止电子数据被远程破坏；

（三）及时提取账户密码及相应数据，如电子设备、网络账户、应用软件等的账户密码，以及存储于其中的聊天记录、电子邮件、交易记录等；

（四）及时提取动态数据，如内存数据、缓存数据、网络连接数据等；

（五）及时提取依赖于特定网络环境的数据，如点对点网络传输数据、虚拟专线网络中的数据等；

（六）及时提取书证、物证等客观证据，注意与电子数据相互印证。

第十六条 对于批准逮捕后要求公安机关继续侦查、不批准逮捕后要求公安机关补充侦查或者审查起诉退回公安机关补充侦查的网络犯罪案件，人民检察院应当重点围绕本规定第十二条第一款规定的事项，有针对性地制作继续侦查提纲或者补充侦查提纲。对于专业性问题，应当听取检察技术人员或者其他有专门知识的人的意见。

人民检察院应当及时了解案件继续侦查或者补充侦查的情况。

第十七条 认定网络犯罪的犯罪嫌疑人，应当结合全案证据，围绕犯罪嫌疑人与原始存储介质、电子数据的关联性、犯罪嫌疑人网络身份与现实身份的同一性，注重审查以下内容：

（一）扣押、封存的原始存储介质是否为犯罪嫌疑人所有、持有或者使用；

（二）社交、支付结算、网络游戏、电子商务、物流等平台的账户信息、身份认证信息、数字签名、生物识别信息等是否与犯罪嫌疑人身份关联；

（三）通话记录、短信、聊天信息、文档、图片、语音、视频等文件内容是否能够反映犯罪嫌疑人的身份；

（四）域名、IP 地址、终端 MAC 地址、通信基站信息等是否能够反映电子设备为犯罪嫌疑人所使用；

（五）其他能够反映犯罪嫌疑人主体身份的内容。

第十八条　认定犯罪嫌疑人的客观行为，应当结合全案证据，围绕其利用的程序工具、技术手段的功能及其实现方式、犯罪行为和结果之间的关联性，注重审查以下内容：

（一）设备信息、软件程序代码等作案工具；

（二）系统日志、域名、IP 地址、WiFi 信息、地理位置信息等是否能够反映犯罪嫌疑人的行为轨迹；

（三）操作记录、网络浏览记录、物流信息、交易结算记录、即时通信信息等是否能够反映犯罪嫌疑人的行为内容；

（四）其他能够反映犯罪嫌疑人客观行为的内容。

第十九条　认定犯罪嫌疑人的主观方面，应当结合犯罪嫌疑人的认知能力、专业水平、既往经历、人员关系、行为次数、获利情况等综合认定，注重审查以下内容：

（一）反映犯罪嫌疑人主观故意的聊天记录、发布内容、浏览记录等；

（二）犯罪嫌疑人行为是否明显违背系统提示要求、正常操作流程；

（三）犯罪嫌疑人制作、使用或者向他人提供的软件程序是否主要用于违法犯罪活动；

（四）犯罪嫌疑人支付结算的对象、频次、数额等是否明显违反正常交易习惯；

（五）犯罪嫌疑人是否频繁采用隐蔽上网、加密通信、销毁数据等措施或者使用虚假身份；

（六）其他能够反映犯罪嫌疑人主观方面的内容。

第二十条　认定犯罪行为的情节和后果，应当结合网络空间、网络行为的特性，从违法所得、经济损失、信息系统的破坏、网络秩序的危害程度以及对被害人的侵害程度等综合判断，注重审查以下内容：

（一）聊天记录、交易记录、音视频文件、数据库信息等能够反映犯罪嫌疑人违法所得、获取和传播数据及文件的性质、数量的内容；

（二）账号数量、信息被点击次数、浏览次数、被转发次数等能够反映犯罪行为对网络空间秩序产生影响的内容；

（三）受影响的计算机信息系统数量、服务器日志信息等能够反映犯罪行为对信息网络运行造成影响程度的内容；

（四）被害人数量、财产损失数额、名誉侵害的影响范围等能够反映犯罪行为对被害人的人身、财产等造成侵害的内容；

（五）其他能够反映犯罪行为情节、后果的内容。

第二十一条 人民检察院办理网络犯罪案件，确因客观条件限制无法逐一收集相关言词证据的，可以根据记录被害人人数、被侵害的计算机信息系统数量、涉案资金数额等犯罪事实的电子数据、书证等证据材料，在审查被告人及其辩护人所提辩解、辩护意见的基础上，综合全案证据材料，对相关犯罪事实作出认定。

第二十二条 对于数量众多的同类证据材料，在证明是否具有同样的性质、特征或者功能时，因客观条件限制不能全部验证的，可以进行抽样验证。

第二十三条 对鉴定意见、电子数据等技术性证据材料，需要进行专门审查的，应当指派检察技术人员或者聘请其他有专门知识的人进行审查并提出意见。

第二十四条 人民检察院在审查起诉过程中，具有下列情形之一的，可以依法自行侦查：

（一）公安机关未能收集的证据，特别是存在灭失、增加、删除、修改风险的电子数据，需要及时收集和固定的；

（二）经退回补充侦查未达到补充侦查要求的；

（三）其他需要自行侦查的情形。

第二十五条　自行侦查由检察官组织实施，开展自行侦查的检察人员不得少于二人。需要技术支持和安全保障的，由人民检察院技术部门和警务部门派员协助。必要时，可以要求公安机关予以配合。

第二十六条　人民检察院办理网络犯罪案件的部门，发现或者收到侵害国家利益、社会公共利益的公益诉讼案件线索的，应当及时移送负责公益诉讼的部门处理。

第三章　电子数据的审查

第二十七条　电子数据是以数字化形式存储、处理、传输的，能够证明案件事实的数据，主要包括以下形式：

（一）网页、社交平台、论坛等网络平台发布的信息；

（二）手机短信、电子邮件、即时通信、通讯群组等网络通讯信息；

（三）用户注册信息、身份认证信息、数字签名、生物识别信息等用户身份信息；

（四）电子交易记录、通信记录、浏览记录、操作记录、程序安装、运行、删除记录等用户行为信息；

（五）恶意程序、工具软件、网站源代码、运行脚本等行为工具信息；

（六）系统日志、应用程序日志、安全日志、数据库日志等系统运行信息；

（七）文档、图片、音频、视频、数字证书、数据库文件等电子文件及其创建时间、访问时间、修改时间、大小等文件附属信息。

第二十八条　电子数据取证主要包括以下方式：收集、提取电子数据；电子数据检查和侦查实验；电子数据检验和鉴定。

收集、提取电子数据可以采取以下方式：

（一）扣押、封存原始存储介质；

（二）现场提取电子数据；

（三）在线提取电子数据；

（四）冻结电子数据；

（五）调取电子数据。

第二十九条 人民检察院办理网络犯罪案件，应当围绕客观性、合法性、关联性的要求对电子数据进行全面审查。注重审查电子数据与案件事实之间的多元关联，加强综合分析，充分发挥电子数据的证明作用。

第三十条 对电子数据是否客观、真实，注重审查以下内容：

（一）是否移送原始存储介质，在原始存储介质无法封存、不便移动时，是否说明原因，并注明相关情况；

（二）电子数据是否有数字签名、数字证书等特殊标识；

（三）电子数据的收集、提取过程及结果是否可以重现；

（四）电子数据有增加、删除、修改等情形的，是否附有说明；

（五）电子数据的完整性是否可以保证。

第三十一条 对电子数据是否完整，注重审查以下内容：

（一）原始存储介质的扣押、封存状态是否完好；

（二）比对电子数据完整性校验值是否发生变化；

（三）电子数据的原件与备份是否相同；

（四）冻结后的电子数据是否生成新的操作日志。

第三十二条 对电子数据的合法性，注重审查以下内容：

（一）电子数据的收集、提取、保管的方法和过程是否规范；

（二）查询、勘验、扣押、调取、冻结等的法律手续是否齐全；

（三）勘验笔录、搜查笔录、提取笔录等取证记录是否完备；

（四）是否由符合法律规定的取证人员、见证人、持有人（提供人）等参与，因客观原因没有见证人、持有人（提供人）签名或者盖章的，是否说明原因；

（五）是否按照有关规定进行同步录音录像；

（六）对于收集、提取的境外电子数据是否符合国（区）际司法协作及相关法律规定的要求。

第三十三条　对电子数据的关联性，注重审查以下内容：

（一）电子数据与案件事实之间的关联性；

（二）电子数据及其存储介质与案件当事人之间的关联性。

第三十四条　原始存储介质被扣押封存的，注重从以下方面审查扣押封存过程是否规范：

（一）是否记录原始存储介质的品牌、型号、容量、序列号、识别码、用户标识等外观信息，是否与实物一一对应；

（二）是否封存或者计算完整性校验值，封存前后是否拍摄被封存原始存储介质的照片，照片是否清晰反映封口或者张贴封条处的状况；

（三）是否由取证人员、见证人、持有人（提供人）签名或者盖章。

第三十五条　对原始存储介质制作数据镜像予以提取固定的，注重审查以下内容：

（一）是否记录原始存储介质的品牌、型号、容量、序列号、识别码、用户标识等外观信息，是否记录原始存储介质的存放位置、使用人、保管人；

（二）是否附有制作数据镜像的工具、方法、过程等必要信息；

（三）是否计算完整性校验值；

（四）是否由取证人员、见证人、持有人（提供人）签名或者盖章。

第三十六条 提取原始存储介质中的数据内容并予以固定的，注重审查以下内容：

（一）是否记录原始存储介质的品牌、型号、容量、序列号、识别码、用户标识等外观信息，是否记录原始存储介质的存放位置、使用人、保管人；

（二）所提取数据内容的原始存储路径，提取的工具、方法、过程等信息，是否一并提取相关的附属信息、关联痕迹、系统环境等信息；

（三）是否计算完整性校验值；

（四）是否由取证人员、见证人、持有人（提供人）签名或者盖章。

第三十七条 对于在线提取的电子数据，注重审查以下内容：

（一）是否记录反映电子数据来源的网络地址、存储路径或者数据提取时的进入步骤等；

（二）是否记录远程计算机信息系统的访问方式、电子数据的提取日期和时间、提取的工具、方法等信息，是否一并提取相关的附属信息、关联痕迹、系统环境等信息；

（三）是否计算完整性校验值；

（四）是否由取证人员、见证人、持有人（提供人）签名或者盖章。

对可能无法重复提取或者可能出现变化的电子数据，是否随案移送反映提取过程的拍照、录像、截屏等材料。

第三十八条 对冻结的电子数据，注重审查以下内容：

（一）冻结手续是否符合规定；

（二）冻结的电子数据是否与案件事实相关；

（三）冻结期限是否即将到期、有无必要继续冻结或者解除；

（四）冻结期间电子数据是否被增加、删除、修改等。

第三十九条 对调取的电子数据，注重审查以下内容：

（一）调取证据通知书是否注明所调取的电子数据的相关信息；

（二）被调取单位、个人是否在通知书回执上签名或者盖章；

（三）被调取单位、个人拒绝签名、盖章的，是否予以说明；

（四）是否计算完整性校验值或者以其他方法保证电子数据的完整性。

第四十条 对电子数据进行检查、侦查实验，注重审查以下内容：

（一）是否记录检查过程、检查结果和其他需要记录的内容，并由检查人员签名或者盖章；

（二）是否记录侦查实验的条件、过程和结果，并由参加侦查实验的人员签名或者盖章；

（三）检查、侦查实验使用的电子设备、网络环境等是否与发案现场一致或者基本一致；

（四）是否使用拍照、录像、录音、通信数据采集等一种或者多种方式客观记录检查、侦查实验过程。

第四十一条 对电子数据进行检验、鉴定，注重审查以下内容：

（一）鉴定主体的合法性。包括审查司法鉴定机构、司法鉴定人员的资质，委托鉴定事项是否符合司法鉴定机构的业务范围，鉴定人员是否存在回避等情形；

（二）鉴定材料的客观性。包括鉴定材料是否真实、完整、充分，取得方式是否合法，是否与原始电子数据一致；

（三）鉴定方法的科学性。包括鉴定方法是否符合国家标准、行业标准，方法标准的选用是否符合相关规定；

（四）鉴定意见的完整性。是否包含委托人、委托时间、检材信息、鉴定或者分析论证过程、鉴定结果以及鉴定人签名、日期等内容；

（五）鉴定意见与其他在案证据能否相互印证。

对于鉴定机构以外的机构出具的检验、检测报告，可以参照本条规定进行审查。

第四十二条 行政机关在行政执法和查办案件过程中依法收集、提取的电子数据，人民检察院经审查符合法定要求的，可以作为刑事案件的证据使用。

第四十三条 电子数据的收集、提取程序有下列瑕疵，经补正或者作出合理解释的，可以采用；不能补正或者作出合理解释的，不得作为定案的根据：

（一）未以封存状态移送的；

（二）笔录或者清单上没有取证人员、见证人、持有人（提供人）签名或者盖章的；

（三）对电子数据的名称、类别、格式等注明不清的；

（四）有其他瑕疵的。

第四十四条 电子数据系篡改、伪造、无法确定真伪的，或者有其他无法保证电子数据客观、真实情形的，不得作为定案的根据。

电子数据有增加、删除、修改等情形，但经司法鉴定、当事人确认等方式确定与案件相关的重要数据未发生变化，或者能够还原电子数据原始状态、查清变化过程的，可以作为定案的根据。

第四十五条 对于无法直接展示的电子数据，人民检察院可以要求公安机关提供电子数据的内容、存储位置、附属信息、功能作用等情况的说明，随案移送人民法院。

第四章　出庭支持公诉

第四十六条　人民检察院依法提起公诉的网络犯罪案件，具有下列情形之一的，可以建议人民法院召开庭前会议：

（一）案情疑难复杂的；

（二）跨国（边）境、跨区域案件社会影响重大的；

（三）犯罪嫌疑人、被害人等人数众多、证据材料较多的；

（四）控辩双方对电子数据合法性存在较大争议的；

（五）案件涉及技术手段专业性强，需要控辩双方提前交换意见的；

（六）其他有必要召开庭前会议的情形。

必要时，人民检察院可以向法庭申请指派检察技术人员或者聘请其他有专门知识的人参加庭前会议。

第四十七条　人民法院开庭审理网络犯罪案件，公诉人出示证据可以借助多媒体示证、动态演示等方式进行。必要时，可以向法庭申请指派检察技术人员或者聘请其他有专门知识的人进行相关技术操作，并就专门性问题发表意见。

公诉人在出示电子数据时，应当从以下方面进行说明：

（一）电子数据的来源、形成过程；

（二）电子数据所反映的犯罪手段、人员关系、资金流向、行为轨迹等案件事实；

（三）电子数据与被告人供述、被害人陈述、证人证言、物证、书证等的相互印证情况；

（四）其他应当说明的内容。

第四十八条　在法庭审理过程中，被告人及其辩护人针对电子数据的客观性、合法性、关联性提出辩解或者辩护意见的，公诉人可以围绕争议点从证据来源是否合法，提取、复制、制作过程是否规范，内容是否真实完整，与案件事实有无关联等方面，有针对性地予以答辩。

第四十九条　支持、推动人民法院开庭审判网络犯罪案件全程录音录像。对庭审全程录音录像资料，必要时人民检察院可以商请人民法院复制，并将存储介质附检察卷宗保存。

第五章　跨区域协作办案

第五十条　对跨区域网络犯罪案件，上级人民检察院应当加强统一指挥和统筹协调，相关人民检察院应当加强办案协作。

第五十一条　上级人民检察院根据办案需要，可以统一调用辖区内的检察人员参与办理网络犯罪案件。

第五十二条　办理关联网络犯罪案件的人民检察院可以相互申请查阅卷宗材料、法律文书，了解案件情况，被申请的人民检察院应当予以协助。

第五十三条　承办案件的人民检察院需要向办理关联网络犯罪案件的人民检察院调取证据材料的，可以持相关法律文书和证明文件申请调取在案证据材料，被申请的人民检察院应当配合。

第五十四条　承办案件的人民检察院需要异地调查取证的，可以将相关法律文书及证明文件传输至证据所在地的人民检察院，请其代为调查取证。相关法律文书应当注明具体的取证对象、方式、内容和期限等。

被请求协助的人民检察院应当予以协助，及时将取证结果送达承办案件的人民检察院；无法及时调取的，应当作出说明。被请求协助的人民检察院有异议的，可以与承办案件的人民检察院进行协商；无法解决的，由承办案件的人民检察院报请共同的上级人民检察院决定。

第五十五条　承办案件的人民检察院需要询问异地证人、被害人的，可以通过远程视频系统进行询问，证人、被害人所在地的人民检察院应当予以协助。远程询问的，应当对询问过程进行同步录音录像。

第六章 跨国（边）境司法协作

第五十六条 办理跨国网络犯罪案件应当依照《中华人民共和国国际刑事司法协助法》及我国批准加入的有关刑事司法协助条约，加强国际司法协作，维护我国主权、安全和社会公共利益，尊重协作国司法主权、坚持平等互惠原则，提升跨国司法协作质效。

第五十七条 地方人民检察院在案件办理中需要向外国请求刑事司法协助的，应当制作刑事司法协助请求书并附相关材料，经报最高人民检察院批准后，由我国与被请求国间司法协助条约规定的对外联系机关向外国提出申请。没有刑事司法协助条约的，通过外交途径联系。

第五十八条 人民检察院参加现场移交境外证据的检察人员不少于二人，外方有特殊要求的除外。

移交、开箱、封存、登记的情况应当制作笔录，由最高人民检察院或者承办案件的人民检察院代表、外方移交人员签名或者盖章，一般应当全程录音录像。有其他见证人的，在笔录中注明。

第五十九条 人民检察院对境外收集的证据，应当审查证据来源是否合法、手续是否齐备以及证据的移交、保管、转换等程序是否连续、规范。

第六十条 人民检察院办理涉香港特别行政区、澳门特别行政区、台湾地区的网络犯罪案件，需要当地有关部门协助的，可以参照本规定及其他相关规定执行。

第七章 附则

第六十一条 人民检察院办理网络犯罪案件适用本规定，本规定没有规定的，适用其他相关规定。

第六十二条 本规定中下列用语的含义：

（一）信息网络，包括以计算机、电视机、固定电话机、移动电话机等电子设备为终端的计算机互联网、广播电视网、固定通信网、移动通信网等信息网络，以及局域网络；

（二）存储介质，是指具备数据存储功能的电子设备、硬盘、光盘、优盘、记忆棒、存储芯片等载体；

（三）完整性校验值，是指为防止电子数据被篡改或者破坏，使用散列算法等特定算法对电子数据进行计算，得出的用于校验数据完整性的数据值；

（四）数字签名，是指利用特定算法对电子数据进行计算，得出的用于验证电子数据来源和完整性的数据值；

（五）数字证书，是指包含数字签名并对电子数据来源、完整性进行认证的电子文件；

（六）生物识别信息，是指计算机利用人体所固有的生理特征（包括人脸、指纹、声纹、虹膜、DNA 等）或者行为特征（步态、击键习惯等）来进行个人身份识别的信息；

（七）运行脚本，是指使用一种特定的计算机编程语言，依据符合语法要求编写的执行指定操作的可执行文件；

（八）数据镜像，是指二进制（0101 排序的数据码流）相同的数据复制件，与原件的内容无差别；

（九）MAC 地址，是指计算机设备中网卡的唯一标识，每个网卡有且只有一个 MAC 地址。

第六十三条 人民检察院办理国家安全机关、海警机关、监狱等移送的网络犯罪案件，适用本规定和其他相关规定。

第六十四条 本规定由最高人民检察院负责解释。

第六十五条 本规定自发布之日起施行。

最高人民法院、最高人民检察院、公安部
《关于办理电信网络诈骗等刑事案件适用法律若干问题的意见》

（2016 年 12 月 20 日实施　法发〔2016〕32 号）

为依法惩治电信网络诈骗等犯罪活动，保护公民、法人和其他组织的合法权益，维护社会秩序，根据《中华人民共和国刑法》《中华人民共和国刑事诉讼法》等法律和有关司法解释的规定，结合工作实际，制定本意见。

一、总体要求

近年来，利用通讯工具、互联网等技术手段实施的电信网络诈骗犯罪活动持续高发，侵犯公民个人信息，扰乱无线电通讯管理秩序，掩饰、隐瞒犯罪所得、犯罪所得收益等上下游关联犯罪不断蔓延。此类犯罪严重侵害人民群众财产安全和其他合法权益，严重干扰电信网络秩序，严重破坏社会诚信，严重影响人民群众安全感和社会和谐稳定，社会危害性大，人民群众反映强烈。

人民法院、人民检察院、公安机关要针对电信网络诈骗等犯罪的特点，坚持全链条全方位打击，坚持依法从严从快惩处，坚持最大力度最大限度追赃挽损，进一步健全工作机制，加强协作配合，坚决有效遏制电信网络诈骗等犯罪活动，努力实现法律效果和社会效果的高度统一。

二、依法严惩电信网络诈骗犯罪

（一）根据《最高人民法院、最高人民检察院关于办理诈骗刑事案件具体应用法律若干问题的解释》第一条的规定，利用电信网络技术手段实施诈骗，诈骗公私财物价值三千元以上、三万元以上、

五十万元以上的，应当分别认定为刑法第二百六十六条规定的“数额较大”“数额巨大”“数额特别巨大”。

二年内多次实施电信网络诈骗未经处理，诈骗数额累计计算构成犯罪的，应当依法定罪处罚。

（二）实施电信网络诈骗犯罪，达到相应数额标准，具有下列情形之一的，酌情从重处罚：

1. 造成被害人或其近亲属自杀、死亡或者精神失常等严重后果的；

2. 冒充司法机关等国家机关工作人员实施诈骗的；

3. 组织、指挥电信网络诈骗犯罪团伙的；

4. 在境外实施电信网络诈骗的；

5. 曾因电信网络诈骗犯罪受过刑事处罚或者二年内曾因电信网络诈骗受过行政处罚的；

6. 诈骗残疾人、老年人、未成年人、在校学生、丧失劳动能力人的财物，或者诈骗重病患者及其亲属财物的；

7. 诈骗救灾、抢险、防汛、优抚、扶贫、移民、救济、医疗等款物的；

8. 以赈灾、募捐等社会公益、慈善名义实施诈骗的；

9. 利用电话追呼系统等技术手段严重干扰公安机关等部门工作的；

10. 利用“钓鱼网站”链接、“木马”程序链接、网络渗透等隐蔽技术手段实施诈骗的。

（三）实施电信网络诈骗犯罪，诈骗数额接近“数额巨大”“数额特别巨大”的标准，具有前述第（二）条规定的情形之一的，应当分别认定为刑法第二百六十六条规定的“其他严重情节”“其他特别严重情节”。

上述规定的“接近”，一般应掌握在相应数额标准的百分之八十以上。

（四）实施电信网络诈骗犯罪，犯罪嫌疑人、被告人实际骗得财物的，以诈骗罪（既遂）定罪处罚。诈骗数额难以查证，但具有下列情形之一的，应当认定为刑法第二百六十六条规定的“其他严重情节”，以诈骗罪（未遂）定罪处罚：

1. 发送诈骗信息五千条以上的，或者拨打诈骗电话五百人次以上的；

2. 在互联网上发布诈骗信息，页面浏览量累计五千次以上的。

具有上述情形，数量达到相应标准十倍以上的，应当认定为刑法第二百六十六条规定的“其他特别严重情节”，以诈骗罪（未遂）定罪处罚。

上述“拨打诈骗电话”，包括拨出诈骗电话和接听被害人回拨电话。反复拨打、接听同一电话号码，以及反复向同一被害人发送诈骗信息的，拨打、接听电话次数、发送信息条数累计计算。

因犯罪嫌疑人、被告人故意隐匿、毁灭证据等原因，致拨打电话次数、发送信息条数的证据难以收集的，可以根据经查证属实的日拨打人次数、日发送信息条数，结合犯罪嫌疑人、被告人实施犯罪的时间、犯罪嫌疑人、被告人的供述等相关证据，综合予以认定。

（五）电信网络诈骗既有既遂，又有未遂，分别达到不同量刑幅度的，依照处罚较重的规定处罚；达到同一量刑幅度的，以诈骗罪既遂处罚。

（六）对实施电信网络诈骗犯罪的被告人裁量刑罚，在确定量刑起点、基准刑时，一般应就高选择。确定宣告刑时，应当综合全案事实情节，准确把握从重、从轻量刑情节的调节幅度，保证罪责刑相适应。

（七）对实施电信网络诈骗犯罪的被告人，应当严格控制适用缓刑的范围，严格掌握适用缓刑的条件。

（八）对实施电信网络诈骗犯罪的被告人，应当更加注重依法适用财产刑，加大经济上的惩罚力度，最大限度剥夺被告人再犯的能力。

三、全面惩处关联犯罪

（一）在实施电信网络诈骗活动中，非法使用“伪基站”“黑广播”，干扰无线电通讯秩序，符合刑法第二百八十八条规定的，以扰乱无线电通讯管理秩序罪追究刑事责任。同时构成诈骗罪的，依照处罚较重的规定定罪处罚。

（二）违反国家有关规定，向他人出售或者提供公民个人信息，窃取或者以其他方法非法获取公民个人信息，符合刑法第二百五十三条之一规定的，以侵犯公民个人信息罪追究刑事责任。

使用非法获取的公民个人信息，实施电信网络诈骗犯罪行为，构成数罪的，应当依法予以并罚。

（三）冒充国家机关工作人员实施电信网络诈骗犯罪，同时构成诈骗罪和招摇撞骗罪的，依照处罚较重的规定定罪处罚。

（四）非法持有他人信用卡，没有证据证明从事电信网络诈骗犯罪活动，符合刑法第一百七十七条之一第一款第（二）项规定的，以妨害信用卡管理罪追究刑事责任。

（五）明知是电信网络诈骗犯罪所得及其产生的收益，以下列方式之一予以转账、套现、取现的，依照刑法第三百一十二条第一款的规定，以掩饰、隐瞒犯罪所得、犯罪所得收益罪追究刑事责任。但有证据证明确实不知道的除外：

1. 通过使用销售点终端机具（POS 机）刷卡套现等非法途径，协助转换或者转移财物的；

2. 帮助他人将巨额现金散存于多个银行账户，或在不同银行账户之间频繁划转的；

3. 多次使用或者使用多个非本人身份证明开设的信用卡、资金支付结算账户或者多次采用遮蔽摄像头、伪装等异常手段，帮助他人转账、套现、取现的；

4. 为他人提供非本人身份证明开设的信用卡、资金支付结算账户后，又帮助他人转账、套现、取现的；

5. 以明显异于市场的价格，通过手机充值、交易游戏点卡等方式套现的。

实施上述行为，事前通谋的，以共同犯罪论处。

实施上述行为，电信网络诈骗犯罪嫌疑人尚未到案或案件尚未依法裁判，但现有证据足以证明该犯罪行为确实存在的，不影响掩饰、隐瞒犯罪所得、犯罪所得收益罪的认定。

实施上述行为，同时构成其他犯罪的，依照处罚较重的规定定罪处罚。法律和司法解释另有规定的除外。

（六）网络服务提供者不履行法律、行政法规规定的信息网络安全管理义务，经监管部门责令采取改正措施而拒不改正，致使诈骗信息大量传播，或者用户信息泄露造成严重后果的，依照刑法第二百八十六条之一的规定，以拒不履行信息网络安全管理义务罪追究刑事责任。同时构成诈骗罪的，依照处罚较重的规定定罪处罚。

（七）实施刑法第二百八十七条之一、第二百八十七条之二规定之行为，构成非法利用信息网络罪、帮助信息网络犯罪活动罪，同时构成诈骗罪的，依照处罚较重的规定定罪处罚。

（八）金融机构、网络服务提供者、电信业务经营者等在经营活动中，违反国家有关规定，被电信网络诈骗犯罪分子利用，使他人遭受财产损失的，依法承担相应责任。构成犯罪的，依法追究刑事责任。

四、准确认定共同犯罪与主观故意

（一）三人以上为实施电信网络诈骗犯罪而组成的较为固定的犯罪组织，应依法认定为诈骗犯罪集团。对组织、领导犯罪集团的首要分子，按照集团所犯的全部罪行处罚。对犯罪集团中组织、指挥、策划者和骨干分子依法从严惩处。

对犯罪集团中起次要、辅助作用的从犯，特别是在规定期限内投案自首、积极协助抓获主犯、积极协助追赃的，依法从轻或减轻处罚。

对犯罪集团首要分子以外的主犯，应当按照其所参与的或者组织、指挥的全部犯罪处罚。全部犯罪包括能够查明具体诈骗数额的事实和能够查明发送诈骗信息条数、拨打诈骗电话人次数、诈骗信息网页浏览次数的事实。

（二）多人共同实施电信网络诈骗，犯罪嫌疑人、被告人应对其参与期间该诈骗团伙实施的全部诈骗行为承担责任。在其所参与的犯罪环节中起主要作用的，可以认定为主犯；起次要作用的，可以认定为从犯。

上述规定的“参与期间”，从犯罪嫌疑人、被告人着手实施诈骗行为开始起算。

（三）明知他人实施电信网络诈骗犯罪，具有下列情形之一的，以共同犯罪论处，但法律和司法解释另有规定的除外：

1. 提供信用卡、资金支付结算账户、手机卡、通讯工具的；

2. 非法获取、出售、提供公民个人信息的；

3. 制作、销售、提供“木马”程序和“钓鱼软件”等恶意程序的；

4. 提供“伪基站”设备或相关服务的；

5. 提供互联网接入、服务器托管、网络存储、通讯传输等技术支持，或者提供支付结算等帮助的；

6. 在提供改号软件、通话线路等技术服务时，发现主叫号码被修改为国内党政机关、司法机关、公共服务部门号码，或者境外用户改为境内号码，仍提供服务的；

7. 提供资金、场所、交通、生活保障等帮助的；

8. 帮助转移诈骗犯罪所得及其产生的收益，套现、取现的。

上述规定的“明知他人实施电信网络诈骗犯罪”，应当结合被告人的认知能力，既往经历，行为次数和手段，与他人关系，获利情况，是否曾因电信网络诈骗受过处罚，是否故意规避调查等主客观因素进行综合分析认定。

（四）负责招募他人实施电信网络诈骗犯罪活动，或者制作、提供诈骗方案、术语清单、语音包、信息等的，以诈骗共同犯罪论处。

（五）部分犯罪嫌疑人在逃，但不影响对已到案共同犯罪嫌疑人、被告人的犯罪事实认定的，可以依法先行追究已到案共同犯罪嫌疑人、被告人的刑事责任。

五、依法确定案件管辖

（一）电信网络诈骗犯罪案件一般由犯罪地公安机关立案侦查，如果由犯罪嫌疑人居住地公安机关立案侦查更为适宜的，可以由犯罪嫌疑人居住地公安机关立案侦查。犯罪地包括犯罪行为发生地和犯罪结果发生地。

“犯罪行为发生地”包括用于电信网络诈骗犯罪的网站服务器所在地，网站建立者、管理者所在地，被侵害的计算机信息系统或其管理者所在地，犯罪嫌疑人、被害人使用的计算机信息系统所在地，诈骗电话、短信息、电子邮件等的拨打地、发送地、到达地、接受地，以及诈骗行为持续发生的实施地、预备地、开始地、途经地、结束地。

“犯罪结果发生地”包括被害人被骗时所在地，以及诈骗所得财物的实际取得地、藏匿地、转移地、使用地、销售地等。

（二）电信网络诈骗最初发现地公安机关侦办的案件，诈骗数额当时未达到“数额较大”标准，但后续累计达到“数额较大”标准，可由最初发现地公安机关立案侦查。

（三）具有下列情形之一的，有关公安机关可以在其职责范围内并案侦查：

1. 一人犯数罪的；

2. 共同犯罪的；

3. 共同犯罪的犯罪嫌疑人还实施其他犯罪的；

4. 多个犯罪嫌疑人实施的犯罪存在直接关联，并案处理有利于查明案件事实的。

（四）对因网络交易、技术支持、资金支付结算等关系形成多层级链条、跨区域的电信网络诈骗等犯罪案件，可由共同上级公安机关按照有利于查清犯罪事实、有利于诉讼的原则，指定有关公安机关立案侦查。

（五）多个公安机关都有权立案侦查的电信网络诈骗等犯罪案件，由最初受理的公安机关或者主要犯罪地公安机关立案侦查。有争议的，按照有利于查清犯罪事实、有利于诉讼的原则，协商解决。经协商无法达成一致的，由共同上级公安机关指定有关公安机关立案侦查。

（六）在境外实施的电信网络诈骗等犯罪案件，可由公安部按照有利于查清犯罪事实、有利于诉讼的原则，指定有关公安机关立案侦查。

（七）公安机关立案、并案侦查，或因有争议，由共同上级公安机关指定立案侦查的案件，需要提请批准逮捕、移送审查起诉、提起公诉的，由该公安机关所在地的人民检察院、人民法院受理。

对重大疑难复杂案件和境外案件，公安机关应在指定立案侦查前，向同级人民检察院、人民法院通报。

（八）已确定管辖的电信诈骗共同犯罪案件，在逃的犯罪嫌疑人归案后，一般由原管辖的公安机关、人民检察院、人民法院管辖。

六、证据的收集和审查判断

（一）办理电信网络诈骗案件，确因被害人人数众多等客观条件的限制，无法逐一收集被害人陈述的，可以结合已收集的被害人陈述，以及经查证属实的银行账户交易记录、第三方支付结算账户交易记录、通话记录、电子数据等证据，综合认定被害人人数及诈骗资金数额等犯罪事实。

（二）公安机关采取技术侦查措施收集的案件证明材料，作为证据使用的，应当随案移送批准采取技术侦查措施的法律文书和所收集的证据材料，并对其来源等作出书面说明。

（三）依照国际条约、刑事司法协助、互助协议或平等互助原则，请求证据材料所在地司法机关收集，或通过国际警务合作机制、国际刑警组织启动合作取证程序收集的境外证据材料，经查证属实，可以作为定案的依据。公安机关应对其来源、提取人、提取时间或者提供人、提供时间以及保管移交的过程等作出说明。

对其他来自境外的证据材料，应当对其来源、提供人、提供时间以及提取人、提取时间进行审查。能够证明案件事实且符合刑事诉讼法规定的，可以作为证据使用。

七、涉案财物的处理

（一）公安机关侦办电信网络诈骗案件，应当随案移送涉案赃款赃物，并附清单。人民检察院提起公诉时，应一并移交受理案件的人民法院，同时就涉案赃款赃物的处理提出意见。

（二）涉案银行账户或者涉案第三方支付账户内的款项，对权属明确的被害人的合法财产，应当及时返还。确因客观原因无法查实全部被害人，但有证据证明该账户系用于电信网络诈骗犯罪，且被告人无法说明款项合法来源的，根据刑法第六十四条的规定，应认定为违法所得，予以追缴。

（三）被告人已将诈骗财物用于清偿债务或者转让给他人，具有下列情形之一的，应当依法追缴：

1. 对方明知是诈骗财物而收取的；

2. 对方无偿取得诈骗财物的；

3. 对方以明显低于市场的价格取得诈骗财物的；

4. 对方取得诈骗财物系源于非法债务或者违法犯罪活动的。

他人善意取得诈骗财物的，不予追缴。

最高人民检察院
《检察机关办理电信网络诈骗案件指引》

（2018 年 8 月 24 日最高人民检察院第 13 届检察委员会第 5 次会议通过　2018 年 11 月 9 日公布并施行　高检发侦监字〔2018〕12 号）

电信网络诈骗犯罪，是指以非法占有为目的，利用电话、短信、互联网等电信网络技术手段，虚构事实，设置骗局，实施远程、非接触式诈骗，骗取公私财物的犯罪行为。根据《中华人民共和国刑法》第二百六十六条、《最高人民法院、最高人民检察院关于办理诈骗刑事案件具体应用法律若干问题的解释》（法释〔2011〕7 号）（以下简称《解释》）、《最高人民法院、最高人民检察院、公安部关于办理电信网络诈骗等刑事案件适用法律若干问题的意见》（法发〔2016〕32 号）（以下简称《意见》），办理电信网络诈骗案件除了要把握普通诈骗案件的基本要求外，还要特别注意以下问题：一是电信网络诈骗犯罪的界定；二是犯罪形态的审查；三是诈骗数额及发送信息、拨打电话次数的认定；四是共同犯罪及主从犯责任的认定；五是关联犯罪事前通谋的审查；六是电子数据的审查；七是境外证据的审查。

一、审查证据的基本要求

（一）审查逮捕

1. 有证据证明发生了电信网络诈骗犯罪事实

（1）证明电信网络诈骗案件发生

证据主要包括：报案登记、受案登记、受案笔录、立案决定书、破案经过、证人证言、被害人陈述、犯罪嫌疑人供述和辩解、被害人银行开户申请、开户明细单、银行转账凭证、银行账户交易记录、银行汇款单、网银转账记录、第三方支付结算交易记录、手机转账信息等证据。跨国电信网络诈骗还可能需要有国外有关部门出具的与案件有关的书面材料。

（2）证明电信网络诈骗行为的危害结果

①证明诈骗数额达到追诉标准的证据：证人证言、被害人陈述、犯罪嫌疑人供述和辩解、银行转账凭证、汇款凭证、转账信息、银行卡、银行账户交易记录、第三方支付结算交易记录以及其他与电信网络诈骗关联的账户交易记录、犯罪嫌疑人提成记录、诈骗账目记录等证据以及其它有关证据。

②证明发送信息条数、拨打电话次数以及页面浏览量达到追诉标准的证据：QQ、微信、skype 等即时通讯工具聊天记录、CDR 电话清单、短信记录、电话录音、电子邮件、远程勘验笔录、电子数据鉴定意见、网页浏览次数统计、网页浏览次数鉴定意见、改号软件、语音软件的登录情况及数据、拨打电话记录内部资料以及其他有关证据。

2. 有证据证明诈骗行为是犯罪嫌疑人实施的

（1）言词证据：证人证言、被害人陈述、犯罪嫌疑人供述和辩解等，注意审查犯罪嫌疑人供述的行为方式与被害人陈述的被骗方式、交付财物过程或者其他证据是否一致。对于团伙作案的，要重视对同案犯罪嫌疑人供述和辩解的审查，梳理各个同案犯罪嫌疑人的指证是否相互印证。

（2）有关资金链条的证据：银行转账凭证、交易流水、第三方支付交易记录以及其他关联账户交易记录、现场查扣的书证、与犯罪关联的银行卡及申请资料等，从中审查相关银行卡信息与被害人存款、转移赃款等账号有无关联，资金交付支配占有过程；犯罪嫌疑人的短信以及QQ、微信、skype等即时通讯工具聊天记录，审查与犯罪有关的信息，是否出现过与本案资金流转有关的银行卡账号、资金流水等信息。要注意审查被害人转账、汇款账号、资金流向等是否有相应证据印证赃款由犯罪嫌疑人取得。对诈骗集团租用或交叉使用账户的，要结合相关言词证据及书证、物证、勘验笔录等分析认定。

（3）有关信息链条的证据：侦查机关远程勘验笔录，远程提取证据笔录，CDR电话清单、查获的手机IMEI串号、语音网关设备、路由设备、交换设备、手持终端等。要注意审查诈骗窝点物理IP地址是否与所使用电话CDR数据清单中记录的主叫IP地址或IP地址所使用的线路（包括此线路的账号、用户名称、对接服务器、语音网关、手持终端等设备的IP配置）一致，电话CDR数据清单中是否存在被害人的相关信息资料，改号电话显示号码、呼叫时间、电话、IP地址是否与被害人陈述及其它在案证据印证。在电信网络诈骗窝点查获的手机IMEI串号以及其他电子作案工具，是否与被害人所接到的诈骗电话显示的信息来源一致。

（4）其他证据：跨境电信网络诈骗犯罪案件犯罪嫌疑人出入境记录、户籍证明材料、在境外使用的网络设备及虚拟网络身份的网络信息，证明犯罪嫌疑人出入境情况及身份情况。诈骗窝点的纸质和电子账目报表，审查时间、金额等细节是否与被害人陈述相互印证。犯罪过程中记载被害人身份、诈骗数额、时间等信息的流转单，审查相关信息是否与被害人陈述、银行转账记录等相互印证。犯罪嫌疑人之间的聊天记录、诈骗脚本、内部分工、培训资料、监控视频等证据，审查犯罪的具体手法、过程。购买作案工具和资源（手机卡、银行卡、POS机、服务器、木马病毒、改号软件、公民个人信息等）的资金流水、电子数据等证据。

3. 有证据证明犯罪嫌疑人具有诈骗的主观故意

（1）证明犯罪嫌疑人主观故意的证据：犯罪嫌疑人的供述和辩解、证人证言、同案犯指证；诈骗脚本、诈骗信息内容、工作日记、分工手册、犯罪嫌疑人的具体职责、地位、参与实施诈骗行为的时间等；赃款的账册、分赃的记录、诈骗账目记录、提成记录、工作环境、工作形式等；短信、QQ、微信、skype等即时通讯工具聊天记录等，审查其中是否出现有关诈骗的内容以及诈骗专门用的黑话、暗语等。

（2）证明提供帮助者的主观故意的证据：提供帮助犯罪嫌疑人供述和辩解、电信网络诈骗犯罪嫌疑人的指证、证人证言；双方短信以及QQ、微信、skype等即时通讯工具聊天记录等信息材料；犯罪嫌疑人的履历、前科记录、行政处罚记录、双方资金往来的凭证、犯罪嫌疑人提供帮助、协助的收益数额、取款时的监控视频、收入记录、处罚判决情况等。

（二）审查起诉

除审查逮捕阶段证据审查基本要求之外，对电信网络诈骗案件的审查起诉工作还应坚持“犯罪事实清楚，证据确实、充分”的标准，保证定罪量刑的事实都有证据证明；据以定案的证据均经法定程序查证属实；综合全案证据，对所认定的事实均已排除合理怀疑。

1. 有确实充分的证据证明发生了电信网络诈骗犯罪事实

（1）证明电信网络诈骗事实发生。除审查逮捕要求的证据类型之外，跨国电信网络诈骗还需要有出入境记录、飞机铁路等交通工具出行记录，必要时需国外有关部门出具的与案件有关的书面证据材料，包括原件、翻译件、使领馆认证文件等。

（2）证明电信网络诈骗行为的危害结果

①证明诈骗数额达到追诉标准的证据：能查清诈骗事实的相关证人证言、被害人陈述、犯罪嫌疑人供述和辩解、银行账户交易明细、交易凭证、第三方支付结算交易记录以及其他与电信网络诈骗关联的账户交易记录、犯罪嫌疑人的诈骗账目记录以及其它有关证据。

需要特别注意“犯罪数额接近提档”的情形。当诈骗数额接近“数额巨大”“数额特别巨大”的标准（一般掌握在 80% 以上，即达到 2.4 万元、40 万元），根据《解释》和《意见》的规定，具有《意见》第二条第二款“酌情从重处罚”十种情形之一的，应当分别认定为刑法第二百六十六条规定的“其他严重情节”“其他特别严重情节”，提高一档量刑。

②证明发送信息条数、拨打电话次数以及页面浏览量达到追诉标准的证据类型与审查逮捕的证据类型相同。

2. 有确实充分的证据证明诈骗行为是犯罪嫌疑人实施的

（1）有关资金链条的证据。重点审查被害人的银行交易记录和犯罪嫌疑人持有的银行卡及账号的交易记录，用于查明被害人遭受的财产损失及犯罪嫌疑人诈骗的犯罪数额；重点审查犯罪嫌疑人的短信，以及 QQ、微信、skype 等即时通讯工具聊天记录，用于查明是否出现涉案银行卡账号、资金流转等犯罪信息，赃款是否由犯罪嫌疑人取得。此外，对诈骗团伙或犯罪集团租用或交叉使用多层级账户洗钱的，要结合资金存取流转的书证、监控录像、辨认笔录、证人证言、被害人陈述、犯罪嫌疑人供述和辩解等证据分析认定。

（2）有关人员链条的证据。电信网络诈骗多为共同犯罪，在审查刑事责任年龄、刑事责任能力方面的证据基础上，应重点审查犯罪嫌疑人供述和辩解、手机通信记录等，通过自供和互证，以及与其他证据之间的相互印证，查明各自的分工和作用，以区分主、从犯。对于分工明确、有明显首要分子、较为固定的组织结构的三人以上固定的犯罪组织，应当认定为犯罪集团。

言词证据及有关信息链条的证据与审查逮捕的证据类型相同。

3. 有确实充分的证据证明犯罪嫌疑人具有诈骗的主观故意

证明犯罪嫌疑人及提供帮助者主观故意的证据类型同审查逮捕证据类型相同。需要注意的是，由于犯罪嫌疑人各自分工不同，其供述和辩解也呈现不同的证明力。一般而言，专门行骗人对于单起事实的细节记忆相对粗略，只能供述诈骗的手段和方式；专业取款人对于取款的具体细目记忆也粗略，只能供述大概经过和情况，重点审查犯罪手段的同类性、共同犯罪人之间的关系及各自分工和作用。

二、需要特别注意的问题

在电信网络诈骗案件审查逮捕、审查起诉中，要根据相关法律、司法解释等规定，结合在案证据，重点注意以下问题：

（一）电信网络诈骗犯罪的界定

1. 此罪彼罪

在一些案件中，尤其是利用网络钓鱼、木马链接实施犯罪的案件中，既存在虚构事实、隐瞒真相的诈骗行为，又可能存在秘密窃取的行为，关键要审查犯罪嫌疑人取得财物是否基于被害人对财物的主动处分意识。如果行为人通过秘密窃取的行为获取他人财物，则应认定构成盗窃罪；如果窃取或者骗取的是他人信用卡资料，并通过互联网、通讯终端等使用的，根据《最高人民法院、最高人民检察院关于办理妨害信用卡管理刑事案件具体应用法律若干问题的解释》（法释〔2009〕19 号），则可能构成信用卡诈骗罪；如果通过电信网络技术向不特定多数人发送诈骗信息后又转入接触式诈骗，或者为实现诈骗目的，线上线下并行同时进行接触式和非接触式诈骗，应当按照诈骗取财行为的本质定性，虽然使用电信网络技术但被害人基于接触被骗的，应当认定普通诈骗；如果出现电信网络诈骗和合同诈骗、保险诈骗等特殊诈骗罪名的竞合，应依据刑法有关规定定罪量刑。

2. 追诉标准低于普通诈骗犯罪且无地域差别

追诉标准直接决定了法律适用问题甚至罪与非罪的认定。《意见》规定，利用电信网络技术手段实施诈骗，诈骗公私财物价值三千元以上的，认定为刑法第二百六十六条规定的“数额较大”。而《解释》规定，“诈骗公私财物价值三千元至一万元以上的，认定为刑法第二百六十六条规定的“数额较大”。因此，电信网络诈骗的追诉标准要低于普通诈骗的追诉标准，且全国统一无地域差别，即犯罪数额达到三千元以上、三万元以上、五十万元以上的，应当分别认定为刑法第二百六十六条规定的“数额较大”“数额巨大”“数额特别巨大”。

（二）犯罪形态的审查

1. 可以查证诈骗数额的未遂

电信网络诈骗应以被害人失去对被骗钱款的实际控制为既遂认定标准。一般情形下，诈骗款项转出后即时到账构成既遂。但随着银行自助设备、第三方支付平台陆续推出“延时到账”“撤销转账”等功能，被害人通过自助设备、第三方支付平台向犯罪嫌疑人指定账户转账，可在规定时间内撤销转账，资金并未实时转出。此种情形下被害人并未对被骗款项完全失去控制，而犯罪嫌疑人亦未取得实际控制，应当认定为未遂。

2. 无法查证诈骗数额的未遂

根据《意见》规定，对于诈骗数额难以查证的，犯罪嫌疑人发送诈骗信息五千条以上，或者拨打诈骗电话五百人次以上，或者在互联网上发布诈骗信息的页面浏览量累计五千次以上，可以认定为诈骗罪中“其他严重情节”，以诈骗罪（未遂）定罪处罚。具有上述情形，数量达到相应标准十倍以上的，应当认定为刑法第二百六十六条规定的“其他特别严重情节”，以诈骗罪（未遂）定罪处罚。

（三）诈骗数额及发送信息、拨打电话次数的认定

1. 诈骗数额的认定

（1）根据犯罪集团诈骗账目登记表、犯罪嫌疑人提成表等书证，结合证人证言、犯罪嫌疑人供述和辩解等言词证据，认定犯罪嫌疑人的诈骗数额。

（2）根据经查证属实的银行账户交易记录、第三方支付结算账户交易记录、通话记录、电子数据等证据，结合已收集的被害人陈述，认定被害人人数及诈骗资金数额。

（3）对于确因客观原因无法查实全部被害人，尽管有证据证明该账户系用于电信网络诈骗犯罪，且犯罪嫌疑人无法说明款项合法来源的，也不能简单将账户内的款项全部推定为“犯罪数额”。要根据在案其他证据，认定犯罪集团是否有其他收入来源，“违法所得”有无其他可能性。如果证据足以证实“违法所得”的排他性，则可以将“违法所得”均认定为犯罪数额。

（4）犯罪嫌疑人为实施犯罪购买作案工具、伪装道具、租用场地、交通工具甚至雇佣他人等诈骗成本不能从诈骗数额中扣除。对通过向被害人交付一定货币，进而骗取其信任并实施诈骗的，由于货币具有流通性和经济价值，该部分货币可以从诈骗数额中扣除。

2. 发送信息、拨打电话次数的认定

（1）拨打电话包括拨出诈骗电话和接听被害人回拨电话。反复拨打、接听同一电话号码，以及反复向同一被害人发送诈骗信息的，拨打、接听电话次数、发送信息条数累计计算。

（2）被害人是否接听、接收到诈骗电话、信息不影响次数、条数计算。

（3）通过语音包发送的诈骗录音或通过网络等工具辅助拨出的电话，应当认定为拨打电话。

（4）发送信息条数、拨打电话次数的证据难以收集的，可以根据经查证属实的日发送信息条数、日拨打人次数，结合犯罪嫌疑人实施犯罪的时间、犯罪嫌疑人的供述等相关证据予以认定。

（5）发送信息条数和拨打电话次数在法律及司法解释未明确的情况下不宜换算累加。

（四）共同犯罪及主从犯责任的认定

1. 对于三人以上为实施电信网络诈骗而组成的较为固定的犯罪组织，应当依法认定为犯罪集团。对于犯罪集团的首要分子，按照集团所犯全部犯罪处罚，并且对犯罪集团中组织、指挥、策划者和骨干分子依法从严惩处。

2. 对于其余主犯，按照其所参与或者组织、指挥的全部犯罪处罚。多人共同实施电信网络诈骗，犯罪嫌疑人、被告人应对其参与期间该诈骗团伙实施的全部诈骗行为承担责任。

3. 对于部分被招募发送信息、拨打电话的犯罪嫌疑人，应当对其参与期间整个诈骗团伙的诈骗行为承担刑事责任，但可以考虑参与时间较短、诈骗数额较低、发送信息、拨打电话较少，认定为从犯，从宽处理。

4. 对于专门取款人，由于其可在短时间内将被骗款项异地转移，对诈骗既遂起到了至关重要的作用，也大大增加了侦查和追赃难度，因此应按其在共同犯罪中的具体作用进行认定，不宜一律认定为从犯。

（五）关联犯罪事前通谋的审查

根据《意见》规定，明知是电信网络诈骗犯罪所得及其产生的收益，通过使用销售点终端机具（POS 机）刷卡套现等非法途径，协助转换或者转移财物等五种方式转账、套现、取现的，需要与直接实施电信网络诈骗犯罪嫌疑人事前通谋的才以共同犯罪论处。因此，应当重点审查帮助转换或者转移财物行为人是否在诈骗犯罪既遂之前与实施诈骗犯罪嫌疑人共谋或者虽无共谋但明知他人实施犯罪而提供帮助。对于帮助者明知的内容和程度，并不要求其明知被帮助者实施诈骗行为的具体细节，其只要认识到对方实施诈骗犯罪行为即可。审查时，要根据犯罪嫌疑人的认知能力、既往经历、行为次数和手段、与他人关系、获利情况、是否曾因电信网络诈骗受过处罚以及是否故意规避调查等主客观因素分析认定。

（六）电子数据的审查

1. 电子数据真实性的审查

（1）是否移送原始存储介质；在原始存储介质无法封存、不便移动时，有无说明原因，并注明收集、提取过程及原始存储介质的存放地点或者电子数据的来源等情况。

（2）电子数据是否具有数字签名、数字证书等特殊标识。

（3）电子数据的收集、提取过程是否可以重现。

（4）电子数据如有增加、删除、修改等情形的，是否附有说明。

（5）电子数据的完整性是否可以保证。

2. 电子数据合法性的审查

（1）收集、提取电子数据是否由二名以上侦查人员进行，取证方法是否符合相关技术标准。

（2）收集、提取电子数据，是否附有笔录、清单，并经侦查人员、电子数据持有人（提供人）、见证人签名或者盖章；没有持有人（提供人）签名或者盖章的，是否注明原因；对电子数据的类别、文件格式等是否注明清楚。

（3）是否依照有关规定由符合条件的人员担任见证人，是否对相关活动进行录像。

（4）电子数据检查是否将电子数据存储介质通过写保护设备接入到检查设备；有条件的，是否制作电子数据备份，并对备份进行检查；无法制作备份且无法使用写保护设备的，是否附有录像。

（5）通过技术侦查措施，利用远程计算机信息系统进行网络远程勘验收集到电子数据，作为证据使用的，是否随案移送批准采取技术侦查措施的法律文书和所收集的证据材料，是否对其来源等作出书面说明。

（6）对电子数据作出鉴定意见的鉴定机构是否具有司法鉴定资质。

3. 电子数据的采信

（1）经过公安机关补正或者作出合理解释可以采信的电子数据：未以封存状态移送的；笔录或者清单上没有侦查人员、电子数据持有人（提供人）、见证人签名或者盖章的；对电子数据的名称、类别、格式等注明不清的；有其他瑕疵的。

（2）不能采信的电子数据：电子数据系篡改、伪造或者无法确定真伪的；电子数据有增加、删除、修改等情形，影响电子数据真实性的；其他无法保证电子数据真实性的情形。

（七）境外证据的审查

1. 证据来源合法性的审查

境外证据的来源包括：外交文件（国际条约、互助协议）；司法协助（刑事司法协助、平等互助原则）；警务合作（国际警务合作机制、国际刑警组织）。

由于上述来源方式均需要有法定的程序和条件，对境外证据的审查要注意：证据来源是否是通过上述途径收集，审查报批、审批手续是否完备，程序是否合法；证据材料移交过程是否合法，手续是否齐全，确保境外证据的来源合法性。

2. 证据转换的规范性审查

对于不符合我国证据种类和收集程序要求的境外证据，侦查机关要重新进行转换和固定，才能作为证据使用。注重审查：

（1）境外交接证据过程的连续性，是否有交接文书，交接文书是否包含接收证据。

（2）接收移交、开箱、登记时是否全程录像，确保交接过程的真实性，交接物品的完整性。

（3）境外证据按照我国证据收集程序重新进行固定的，依据相关规定进行，注意证据转换过程的连续性和真实性的审查。

（4）公安机关是否对境外证据来源、提取人、提取时间或者提供人、提供时间以及保管移交的过程等作出说明，有无对电子数据完整性等专门性问题的鉴定意见等。

（5）无法确认证据来源、证据真实性、收集程序违法无法补正等境外证据应予排除。

3. 其他来源的境外证据的审查

通过其他渠道收集的境外证据材料，作为证据使用的，应注重对其来源、提供人、提供时间以及提取人、提取时间进行审查。能够证明案件事实且符合刑事诉讼法规定的，可以作为证据使用。

三、社会危险性及羁押必要性审查

（一）审查逮捕

符合下列情形之一的，可以结合案件具体情况考虑认定犯罪嫌疑人具有社会危险性，有羁押必要：

1.《最高人民检察院、公安部关于逮捕社会危险性条件若干问题的规定（试行）》（高检会〔2015〕9号）规定的具有社会危险性情节的。

2. 犯罪嫌疑人是诈骗团伙的首要分子或者主犯。对于首要分子，要重点审查其在电信网络诈骗集团中是否起到组织、策划、指挥作用。对于其他主犯，要重点审查其是否是犯意的发起者、犯罪的组织者、策划者、指挥者、主要责任者，是否参与了犯罪的全过程或关键环节以及在犯罪中所起的作用：诈骗团伙的具体管理者、组织者、招募者、电脑操盘人员、对诈骗成员进行培训的人员以及制作、提供诈骗方案、术语清单、语音包、信息的人员可以认定为主犯；取款组、供卡组、公民个人信息提供组等负责人，对维持诈骗团伙运转起着重要作用的，可以认定为主犯；对于其他实行犯是否属于主犯，主要通过其参加时段实施共同犯罪活动的程度、具体罪行的大小、对造成危害后果的作用等来认定。

3. 有证据证明犯罪嫌疑人实施诈骗行为，犯罪嫌疑人拒不供认或者作虚假供述的。

4. 有证据显示犯罪嫌疑人参与诈骗且既遂数额巨大、被害人众多，诈骗数额等需进一步核实的。

5. 有证据证明犯罪嫌疑人参与诈骗的时间长，应当明知诈骗团伙其他同案犯犯罪事实的，但犯罪嫌疑人拒绝指证或虚假指证的。

6. 其他具有社会危险性或羁押必要的情形。

在犯罪嫌疑人罪行较轻的前提下，根据犯罪嫌疑人在犯罪团伙中的地位、作用、参与时间、工作内容、认罪态度、悔罪表现等情节，结合案件整体情况，依据主客观相一致原则综合判断犯罪嫌疑人的社会危险性或者羁押必要性。在犯罪嫌疑人真诚认罪悔罪，如实供述且供述稳定的情况下，有下列情形的可以考虑社会危险性较小：

1. 预备犯、中止犯。

2. 直接参与诈骗的数额未达巨大，有自首、立功表现的。

3. 直接参与诈骗的数额未达巨大，参与时间短的发送信息、拨打电话人员。

4. 涉案数额未达巨大，受雇负责饮食、住宿等辅助工作人员。

5. 直接参与诈骗的数额未达巨大，积极退赃的从犯。

6. 被胁迫参加电信网络诈骗团伙，没有造成严重影响和后果的。

7. 其他社会危险性较小的情形。

需要注意的是，对犯罪嫌疑人社会危险性的把握，要根据案件社会影响、造成危害后果、打击力度的需要等多方面综合判断和考虑。

（二）审查起诉

在审查起诉阶段，要结合侦查阶段取得的事实证据，进一步引导侦查机关加大捕后侦查力度，及时审查新证据。在羁押期限届满前对全案进行综合审查，对于未达到逮捕证明标准的，撤销原逮捕决定。

经羁押必要性审查，发现犯罪嫌疑人具有下列情形之一的，应当向办案机关提出释放或者变更强制措施的建议：

1. 案件证据发生重大变化，没有证据证明有犯罪事实或者犯罪行为系犯罪嫌疑人、被告人所为的。

2. 案件事实或者情节发生变化，犯罪嫌疑人、被告人可能被判处拘役、管制、独立适用附加刑、免予刑事处罚或者判决无罪的。

3. 继续羁押犯罪嫌疑人、被告人，羁押期限将超过依法可能判处的刑期的。

4. 案件事实基本查清，证据已经收集固定，符合取保候审或者监视居住条件的。

经羁押必要性审查，发现犯罪嫌疑人、被告人具有下列情形之一，且具有悔罪表现，不予羁押不致发生社会危险性的，可以向办案机关提出释放或者变更强制措施的建议：

1. 预备犯或者中止犯；共同犯罪中的从犯或者胁从犯。

2. 主观恶性较小的初犯。

3. 系未成年人或者年满七十五周岁的人。

4. 与被害方依法自愿达成和解协议，且已经履行或者提供担保的。

5. 患有严重疾病、生活不能自理的。

6. 系怀孕或者正在哺乳自己婴儿的妇女。

7. 系生活不能自理的人的唯一扶养人。

8. 可能被判处一年以下有期徒刑或者宣告缓刑的。

9. 其他不需要继续羁押犯罪嫌疑人、被告人的情形。

最高人民法院、最高人民检察院、公安部《关于办理电信网络诈骗等刑事案件适用法律若干问题的意见（二）》

（2021 年 6 月 17 日公布并施行　法发〔2021〕22 号）

为进一步依法严厉惩治电信网络诈骗犯罪，对其上下游关联犯罪实行全链条、全方位打击，根据《中华人民共和国刑法》《中华人民共和国刑事诉讼法》等法律和有关司法解释的规定，针对司法实践中出现的新的突出问题，结合工作实际，制定本意见。

一、电信网络诈骗犯罪地，除《最高人民法院、最高人民检察院、公安部关于办理电信网络诈骗等刑事案件适用法律若干问题的意见》规定的犯罪行为发生地和结果发生地外，还包括：

（一）用于犯罪活动的手机卡、流量卡、物联网卡的开立地、销售地、转移地、藏匿地；

（二）用于犯罪活动的信用卡的开立地、销售地、转移地、藏匿地、使用地以及资金交易对手资金交付和汇出地；

（三）用于犯罪活动的银行账户、非银行支付账户的开立地、销售地、使用地以及资金交易对手资金交付和汇出地；

（四）用于犯罪活动的即时通讯信息、广告推广信息的发送地、接受地、到达地；

（五）用于犯罪活动的“猫池”（Modem Pool）、GOIP 设备、多卡宝等硬件设备的销售地、入网地、藏匿地；

（六）用于犯罪活动的互联网账号的销售地、登录地。

二、为电信网络诈骗犯罪提供作案工具、技术支持等帮助以及掩饰、隐瞒犯罪所得及其产生的收益，由此形成多层级犯罪链条的，或者利用同一网站、通讯群组、资金账户、作案窝点实施电信网络诈骗犯罪的，应当认定为多个犯罪嫌疑人、被告人实施的犯罪存在关联，人民法院、人民检察院、公安机关可以在其职责范围内并案处理。

三、有证据证实行为人参加境外诈骗犯罪集团或犯罪团伙，在境外针对境内居民实施电信网络诈骗犯罪行为，诈骗数额难以查证，但一年内出境赴境外诈骗犯罪窝点累计时间 30 日以上或多次出境赴境外诈骗犯罪窝点的，应当认定为刑法第二百六十六条规定的“其他严重情节”，以诈骗罪依法追究刑事责任。有证据证明其出境从事正当活动的除外。

四、无正当理由持有他人的单位结算卡的，属于刑法第一百七十七条之一第一款第（二）项规定的“非法持有他人信用卡”。

五、非法获取、出售、提供具有信息发布、即时通讯、支付结算等功能的互联网账号密码、个人生物识别信息，符合刑法第二百五十三条之一规定的，以侵犯公民个人信息罪追究刑事责任。

对批量前述互联网账号密码、个人生物识别信息的条数，根据查获的数量直接认定，但有证据证明信息不真实或者重复的除外。

六、在网上注册办理手机卡、信用卡、银行账户、非银行支付账户时，为通过网上认证，使用他人身份证件信息并替换他人身份证件相片，属于伪造身份证件行为，符合刑法第二百八十条第三款规定的，以伪造身份证件罪追究刑事责任。

使用伪造、变造的身份证件或者盗用他人身份证件办理手机卡、信用卡、银行账户、非银行支付账户，符合刑法第二百八十条之一第一款规定的，以使用虚假身份证件、盗用身份证件罪追究刑事责任。

实施上述两款行为，同时构成其他犯罪的，依照处罚较重的规定定罪处罚。法律和司法解释另有规定的除外。

七、为他人利用信息网络实施犯罪而实施下列行为，可以认定为刑法第二百八十七条之二规定的“帮助”行为：

（一）收购、出售、出租信用卡、银行账户、非银行支付账户、具有支付结算功能的互联网账号密码、网络支付接口、网上银行数字证书的；

（二）收购、出售、出租他人手机卡、流量卡、物联网卡的。

八、认定刑法第二百八十七条之二规定的行为人明知他人利用信息网络实施犯罪，应当根据行为人收购、出售、出租前述第七条规定的信用卡、银行账户、非银行支付账户、具有支付结算功能的互联网账号密码、网络支付接口、网上银行数字证书，或者他人手机卡、流量卡、物联网卡等的次数、张数、个数，并结合行为人的认知能力、既往经历、交易对象、与实施信息网络犯罪的行为人的关系、提供技术支持或者帮助的时间和方式、获利情况以及行为人的供述等主客观因素，予以综合认定。

收购、出售、出租单位银行结算账户、非银行支付机构单位支付账户，或者电信、银行、网络支付等行业从业人员利用履行职责或提供服务便利，非法开办并出售、出租他人手机卡、信用卡、银行账户、非银行支付账户等的，可以认定为《最高人民法院、最高人民检察院关于办理非法利用信息网络、帮助信息网络犯罪活动等刑事案件适用法律若干问题的解释》第十一条第（七）项规定的“其他足以认定行为人明知的情形”。但有相反证据的除外。

九、明知他人利用信息网络实施犯罪，为其犯罪提供下列帮助之一的，可以认定为《最高人民法院、最高人民检察院关于办理非法利用信息网络、帮助信息网络犯罪活动等刑事案件适用法律若干问题的解释》第十二条第一款第（七）项规定的“其他情节严重的情形”：

（一）收购、出售、出租信用卡、银行账户、非银行支付账户、具有支付结算功能的互联网账号密码、网络支付接口、网上银行数字证书5张（个）以上的；

（二）收购、出售、出租他人手机卡、流量卡、物联网卡20张以上的。

十、电商平台预付卡、虚拟货币、手机充值卡、游戏点卡、游戏装备等经销商，在公安机关调查案件过程中，被明确告知其交易对象涉嫌电信网络诈骗犯罪，仍与其继续交易，符合刑法第二百八十七条之二规定的，以帮助信息网络犯罪活动罪追究刑事责任。同时构成其他犯罪的，依照处罚较重的规定定罪处罚。

十一、明知是电信网络诈骗犯罪所得及其产生的收益，以下列方式之一予以转账、套现、取现，符合刑法第三百一十二条第一款规定的，以掩饰、隐瞒犯罪所得、犯罪所得收益罪追究刑事责任。但有证据证明确实不知道的除外。

（一）多次使用或者使用多个非本人身份证明开设的收款码、网络支付接口等，帮助他人转账、套现、取现的；

（二）以明显异于市场的价格，通过电商平台预付卡、虚拟货币、手机充值卡、游戏点卡、游戏装备等转换财物、套现的；

（三）协助转换或者转移财物，收取明显高于市场的“手续费”的。

实施上述行为，事前通谋的，以共同犯罪论处；同时构成其他犯罪的，依照处罚较重的规定定罪处罚。法律和司法解释另有规定的除外。

十二、为他人实施电信网络诈骗犯罪提供技术支持、广告推广、支付结算等帮助，或者窝藏、转移、收购、代为销售及以其他方法掩饰、隐瞒电信网络诈骗犯罪所得及其产生的收益，诈骗犯罪行为可以确认，但实施诈骗的行为人尚未到案，可以依法先行追究已到案的上述犯罪嫌疑人、被告人的刑事责任。

十三、办案地公安机关可以通过公安机关信息化系统调取异地公安机关依法制作、收集的刑事案件受案登记表、立案决定书、被害人陈述等证据材料。调取时不得少于两名侦查人员，并应记载调取的时间、使用的信息化系统名称等相关信息，调取人签名并加盖办案地公安机关印章。经审核证明真实的，可以作为证据使用。

十四、通过国（区）际警务合作收集或者境外警方移交的境外证据材料，确因客观条件限制，境外警方未提供相关证据的发现、收集、保管、移交情况等材料的，公安机关应当对上述证据材料的来源、移交过程以及种类、数量、特征等作出书面说明，由两名以上侦查人员签名并加盖公安机关印章。经审核能够证明案件事实的，可以作为证据使用。

十五、对境外司法机关抓获并羁押的电信网络诈骗犯罪嫌疑人，在境内接受审判的，境外的羁押期限可以折抵刑期。

十六、办理电信网络诈骗犯罪案件，应当充分贯彻宽严相济刑事政策。在侦查、审查起诉、审判过程中，应当全面收集证据、准确甄别犯罪嫌疑人、被告人在共同犯罪中的层级地位及作用大小，结合其认罪态度和悔罪表现，区别对待，宽严并用，科学量刑，确保罚当其罪。

对于电信网络诈骗犯罪集团、犯罪团伙的组织者、策划者、指挥者和骨干分子，以及利用未成年人、在校学生、老年人、残疾人实施电信网络诈骗的，依法从严惩处。

对于电信网络诈骗犯罪集团、犯罪团伙中的从犯，特别是其中参与时间相对较短、诈骗数额相对较低或者从事辅助性工作并领取少量报酬，以及初犯、偶犯、未成年人、在校学生等，应当综合考虑其在共同犯罪中的地位作用、社会危害程度、主观恶性、人身危险性、认罪悔罪表现等情节，可以依法从轻、减轻处罚。犯罪情节轻微的，可以依法不起诉或者免予刑事处罚；情节显著轻微危害不大的，不以犯罪论处。

十七、查扣的涉案账户内资金，应当优先返还被害人，如不足以全额返还的，应当按照比例返还。

最高人民法院、最高人民检察院、公安部《关于办理信息网络犯罪案件适用刑事诉讼程序若干问题的意见》

（2022 年 8 月 26 日公布 2022 年 9 月 1 日施行 法发〔2022〕23 号）

为依法惩治信息网络犯罪活动，根据《中华人民共和国刑法》《中华人民共和国刑事诉讼法》以及有关法律、司法解释的规定，结合侦查、起诉、审判实践，现就办理此类案件适用刑事诉讼程序问题提出以下意见。

一、关于信息网络犯罪案件的范围

1. 本意见所称信息网络犯罪案件包括：

（1）危害计算机信息系统安全犯罪案件；

（2）拒不履行信息网络安全管理义务、非法利用信息网络、帮助信息网络犯罪活动的犯罪案件；

（3）主要行为通过信息网络实施的诈骗、赌博、侵犯公民个人信息等其他犯罪案件。

二、关于信息网络犯罪案件的管辖

2. 信息网络犯罪案件由犯罪地公安机关立案侦查。必要时，可以由犯罪嫌疑人居住地公安机关立案侦查。

信息网络犯罪案件的犯罪地包括用于实施犯罪行为的网络服务使用的服务器所在地，网络服务提供者所在地，被侵害的信息网络系统及其管理者所在地，犯罪过程中犯罪嫌疑人、被害人或者其他涉案人员使用的信息网络系统所在地，被害人被侵害时所在地以及被害人财产遭受损失地等。

涉及多个环节的信息网络犯罪案件，犯罪嫌疑人为信息网络犯罪提供帮助的，其犯罪地、居住地或者被帮助对象的犯罪地公安机关可以立案侦查。

3. 有多个犯罪地的信息网络犯罪案件，由最初受理的公安机关或者主要犯罪地公安机关立案侦查。有争议的，按照有利于查清犯罪事实、有利于诉讼的原则，协商解决；经协商无法达成一致的，由共同上级公安机关指定有关公安机关立案侦查。需要提请批准逮捕、移送审查起诉、提起公诉的，由立案侦查的公安机关所在地的人民检察院、人民法院受理。

4. 具有下列情形之一的，公安机关、人民检察院、人民法院可以在其职责范围内并案处理：

（1）一人犯数罪的；

（2）共同犯罪的；

（3）共同犯罪的犯罪嫌疑人、被告人还实施其他犯罪的；

（4）多个犯罪嫌疑人、被告人实施的犯罪行为存在关联，并案处理有利于查明全部案件事实的。

对为信息网络犯罪提供程序开发、互联网接入、服务器托管、网络存储、通讯传输等技术支持，或者广告推广、支付结算等帮助，涉嫌犯罪的，可以依照第一款的规定并案侦查。

有关公安机关依照前两款规定并案侦查的案件，需要提请批准逮捕、移送审查起诉、提起公诉的，由该公安机关所在地的人民检察院、人民法院受理。

5. 并案侦查的共同犯罪或者关联犯罪案件，犯罪嫌疑人人数众多、案情复杂的，公安机关可以分案移送审查起诉。分案移送审查起诉的，应当对并案侦查的依据、分案移送审查起诉的理由作出说明。

对于前款规定的案件，人民检察院可以分案提起公诉，人民法院可以分案审理。

分案处理应当以有利于保障诉讼质量和效率为前提，并不得影响当事人质证权等诉讼权利的行使。

6. 依照前条规定分案处理，公安机关、人民检察院、人民法院在分案前有管辖权的，分案后对相关案件的管辖权不受影响。根据具体情况，分案处理的相关案件可以由不同审级的人民法院分别审理。

7. 对于共同犯罪或者已并案侦查的关联犯罪案件，部分犯罪嫌疑人未到案，但不影响对已到案共同犯罪或者关联犯罪的犯罪嫌疑人、被告人的犯罪事实认定的，可以先行追究已到案犯罪嫌疑人、被告人的刑事责任。之前未到案的犯罪嫌疑人、被告人归案后，可以由原办案机关所在地公安机关、人民检察院、人民法院管辖其所涉及的案件。

8. 对于具有特殊情况，跨省（自治区、直辖市）指定异地公安机关侦查更有利于查清犯罪事实、保证案件公正处理的重大信息网络犯罪案件，以及在境外实施的信息网络犯罪案件，公安部可以商最高人民检察院和最高人民法院指定侦查管辖。

9. 人民检察院对于审查起诉的案件，按照刑事诉讼法的管辖规定，认为应当由上级人民检察院或者同级其他人民检察院起诉的，应当将案件移送有管辖权的人民检察院，并通知移送起诉的公安机关。人民检察院认为需要依照刑事诉讼法的规定指定审判管辖的，应当协商同级人民法院办理指定管辖有关事宜。

10. 犯罪嫌疑人被多个公安机关立案侦查的，有关公安机关一般应当协商并案处理，并依法移送案件。协商不成的，可以报请共同上级公安机关指定管辖。

人民检察院对于审查起诉的案件，发现犯罪嫌疑人还有犯罪被异地公安机关立案侦查的，应当通知移送审查起诉的公安机关。

人民法院对于提起公诉的案件，发现被告人还有其他犯罪被审查起诉、立案侦查的，可以协商人民检察院、公安机关并案处理，但可能造成审判过分迟延的除外。决定对有关犯罪并案处理，符合《中华人民共和国刑事诉讼法》第二百零四条规定的，人民检察院可以建议人民法院延期审理。

三、关于信息网络犯罪案件的调查核实

11. 公安机关对接受的案件或者发现的犯罪线索，在审查中发现案件事实或者线索不明，需要经过调查才能够确认是否达到刑事立案标准的，经公安机关办案部门负责人批准，可以进行调查核实；经过调查核实达到刑事立案标准的，应当及时立案。

12. 调查核实过程中，可以采取询问、查询、勘验、检查、鉴定、调取证据材料等不限制被调查对象人身、财产权利的措施，不得对被调查对象采取强制措施，不得查封、扣押、冻结被调查对象的财产，不得采取技术侦查措施。

13. 公安机关在调查核实过程中依法收集的电子数据等材料，可以根据有关规定作为证据使用。

调查核实过程中收集的材料作为证据使用的，应当随案移送，并附批准调查核实的相关材料。

调查核实过程中收集的证据材料经查证属实，且收集程序符合有关要求的，可以作为定案依据。

四、关于信息网络犯罪案件的取证

14. 公安机关向网络服务提供者调取电子数据的，应当制作调取证据通知书，注明需要调取的电子数据的相关信息。调取证据通知书及相关法律文书可以采用数据电文形式。跨地域调取电子数据的，可以通过公安机关信息化系统传输相关数据电文。

网络服务提供者向公安机关提供电子数据的，可以采用数据电文形式。采用数据电文形式提供电子数据的，应当保证电子数据的完整性，并制作电子证明文件，载明调证法律文书编号、单位电子公章、完整性校验值等保护电子数据完整性方法的说明等信息。

数据电文形式的法律文书和电子证明文件，应当使用电子签名、数字水印等方式保证完整性。

15. 询（讯）问异地证人、被害人以及与案件有关联的犯罪嫌疑人的，可以由办案地公安机关通过远程网络视频等方式进行并制作笔录。

远程询（讯）问的，应当由协作地公安机关事先核实被询（讯）问人的身份。办案地公安机关应当将询（讯）问笔录传输至协作地公安机关。询（讯）问笔录经被询（讯）问人确认并逐页签名、捺指印后，由协作地公安机关协作人员签名或者盖章，并将原件提供给办案地公安机关。询（讯）问人员收到笔录后，应当在首页右上方写明“于某年某月某日收到”，并签名或者盖章。

远程询（讯）问的，应当对询（讯）问过程同步录音录像，并随案移送。

异地证人、被害人以及与案件有关联的犯罪嫌疑人亲笔书写证词、供词的，参照执行本条第二款规定。

16. 人民检察院依法自行侦查、补充侦查，或者人民法院调查核实相关证据的，适用本意见第 14 条、第 15 条的有关规定。

17. 对于依照本意见第 14 条的规定调取的电子数据，人民检察院、人民法院可以通过核验电子签名、数字水印、电子数据完整性校验值及调证法律文书编号是否与证明文件相一致等方式，对电子数据进行审查判断。

对调取的电子数据有疑问的，由公安机关、提供电子数据的网络服务提供者作出说明，或者由原调取机关补充收集相关证据。

五、关于信息网络犯罪案件的其他问题

18. 采取技术侦查措施收集的材料作为证据使用的，应当随案移送，并附采取技术侦查措施的法律文书、证据材料清单和有关说明材料。

移送采取技术侦查措施收集的视听资料、电子数据的，应当由两名以上侦查人员制作复制件，并附制作说明，写明原始证据材料、原始存储介质的存放地点等信息，由制作人签名，并加盖单位印章。

19. 采取技术侦查措施收集的证据材料，应当经过当庭出示、辨认、质证等法庭调查程序查证。

当庭调查技术侦查证据材料可能危及有关人员的人身安全，或者可能产生其他严重后果的，法庭应当采取不暴露有关人员身份和技术侦查措施使用的技术设备、技术方法等保护措施。必要时，审判人员可以在庭外对证据进行核实。

20. 办理信息网络犯罪案件，对于数量特别众多且具有同类性质、特征或者功能的物证、书证、证人证言、被害人陈述、视听资料、电子数据等证据材料，确因客观条件限制无法逐一收集的，应当按照一定比例或者数量选取证据，并对选取情况作出说明和论证。

人民检察院、人民法院应当重点审查取证方法、过程是否科学。经审查认为取证不科学的，应当由原取证机关作出补充说明或者重新取证。

人民检察院、人民法院应当结合其他证据材料，以及犯罪嫌疑人、被告人及其辩护人所提辩解、辩护意见，审查认定取得的证据。经审查，对相关事实不能排除合理怀疑的，应当作出有利于犯罪嫌疑人、被告人的认定。

21. 对于涉案人数特别众多的信息网络犯罪案件，确因客观条件限制无法收集证据逐一证明、逐人核实涉案账户的资金来源，但根据银行账户、非银行支付账户等交易记录和其他证据材料，足以认定有关账户主要用于接收、流转涉案资金的，可以按照该账户接收的资金数额认定犯罪数额，但犯罪嫌疑人、被告人能够作出合理说明的除外。案外人提出异议的，应当依法审查。

22. 办理信息网络犯罪案件，应当依法及时查封、扣押、冻结涉案财物，督促涉案人员退赃退赔，及时追赃挽损。

公安机关应当全面收集证明涉案财物性质、权属情况、依法应予追缴、没收或者责令退赔的证据材料，在移送审查起诉时随案移送并作出说明。其中，涉案财物需要返还被害人的，应当尽可能查明被害人损失情况。人民检察院应当对涉案财物的证据材料进行审查，在提起公诉时提出处理意见。人民法院应当依法作出判决，对涉案财物作出处理。

对应当返还被害人的合法财产，权属明确的，应当依法及时返还；权属不明的，应当在人民法院判决、裁定生效后，按比例返还被害人，但已获退赔的部分应予扣除。

23. 本意见自 2022 年 9 月 1 日起施行。《最高人民法院、最高人民检察院、公安部关于办理网络犯罪案件适用刑事诉讼程序若干问题的意见》（公通字〔2014〕10 号）同时废止。

最高人民法院、最高人民检察院、公安部《关于办理跨境电信网络诈骗等刑事案件适用法律若干问题的意见》

（2024 年 6 月 26 日公布并施行）

为依法严厉惩治跨境电信网络诈骗等犯罪活动，根据《中华人民共和国刑法》《中华人民共和国刑事诉讼法》等法律及有关司法解释等规定，结合工作实际，制定本意见。

一、总体要求

1. 跨境电信网络诈骗等犯罪活动严重侵害人民群众生命财产安全，社会危害极大，人民群众反映强烈。人民法院、人民检察院、公安机关要坚持以人民为中心，坚持系统治理、依法治理、源头治理，依法从严惩处，全力追赃挽损，坚决维护人民群众切身利益。依法重点打击犯罪集团及其组织者、策划者、指挥者和骨干成员；重点打击为跨境电信网络诈骗等犯罪活动提供庇护的组织；重点打击犯罪集团实施的故意杀人、故意伤害、绑架、强奸、强迫卖淫、非法拘禁等犯罪行为；重点打击为跨境电信网络诈骗等犯罪集团招募成员而实施组织、运送他人偷越国（边）境的犯罪行为。

2. 人民法院、人民检察院、公安机关要严格依法办案，坚持以证据为中心，贯彻证据裁判原则，全面收集、审查证据，严禁刑讯逼供和以威胁、引诱、欺骗等非法手段收集证据，充分保障犯罪嫌疑人、被告人诉讼权利，准确认定事实，正确适用法律，依法公正办理。

3. 人民法院、人民检察院、公安机关要认真贯彻落实宽严相济刑事政策，充分考虑行为人的一贯表现、主观恶性和人身危险性，做到区别对待、宽严并用、罚当其罪。对于应当重点打击的犯罪分子，坚持总体从严，严格掌握取保候审范围，严格掌握不起诉标准，严格掌握从轻、减轻处罚或者缓刑的适用范围和幅度，充分运用财产刑，不让犯罪分子在经济上得利。对于主动投案、认罪认罚、积极退赃退赔，积极配合办案机关追查相关犯罪、抓捕首要分子和骨干成员、追缴涉案财物起到重要作用的，以及未成年人、在校学生和被诱骗或者被胁迫参与犯罪的人员，坚持宽以济严，依法从宽处罚。

二、依法惩治跨境电信网络诈骗等犯罪

4. 通过提供犯罪场所、条件保障、武装庇护、人员管理等方式管理控制犯罪团伙实施跨境电信网络诈骗、敲诈勒索等犯罪活动，抽成分红或者收取相关费用，有明确的组织者、领导者，骨干成员基本固定，符合刑法第二十六条第二款规定的，应当认定为犯罪集团。

组织者、领导者未到案或者因死亡等法定情形未被追究刑事责任的，不影响犯罪集团的认定。

5. 对于跨境实施的电信网络诈骗、敲诈勒索等犯罪，确因客观条件限制无法查明被害人的，可以依据账户交易记录、通讯群组聊天记录等证据，结合犯罪嫌疑人、被告人供述，综合认定犯罪数额。

对于犯罪集团的犯罪数额，可以根据该犯罪集团从其管理控制的犯罪团伙抽成分红或者收取费用的数额和方式折算。对于无法折算的，抽成分红或者收取费用的数额可以认定为犯罪数额。

6. 犯罪嫌疑人、被告人参加犯罪集团或犯罪团伙，实施电信网络诈骗、敲诈勒索等犯罪行为，犯罪集团或犯罪团伙的犯罪数额已经查证，但因客观条件限制无法查明犯罪嫌疑人、被告人具体犯罪数额的，应当综合考虑其在犯罪集团、犯罪团伙中的地位作用、参与时间、与犯罪事实的关联度，以及主观恶性和人身危险性等，准确认定其罪责。

7. 犯罪嫌疑人、被告人参加境外诈骗犯罪集团或犯罪团伙，实施电信网络诈骗犯罪行为，犯罪嫌疑人、被告人及所在犯罪集团、犯罪团伙的犯罪数额均难以查证，但犯罪嫌疑人、被告人一年内出境赴境外犯罪窝点累计时间 30 日以上或者多次出境赴境外犯罪窝点的，应当认定为刑法第二百六十六条规定的“其他严重情节”，以诈骗罪依法追究刑事责任。但有证据证实其出境从事正当活动的除外。

8. 本意见第 7 条规定的“犯罪窝点”，是指实施电信网络诈骗犯罪活动的作案场所。对于为招募电信网络诈骗犯罪团伙而建设，或者入驻的主要是电信网络诈骗犯罪团伙的整栋建筑物、企业园区、产业园区、开发区等，可以认定为“犯罪窝点”。

“一年内出境赴境外犯罪窝点累计时间30日以上”，应当从犯罪嫌疑人、被告人实际加入境外犯罪窝点的时间起算。犯罪嫌疑人、被告人实际加入境外犯罪窝点的确切时间难以查证，但能够查明其系非法出境的，可以以出境时间起算，合理路途时间应当扣除。确因客观条件限制无法查明出境时间的，可以结合犯罪嫌疑人、被告人的行踪轨迹等最后出现在国（边）境附近的时间，扣除合理路途时间后综合认定。合理路途时间可以参照乘坐公共交通工具所需时间认定。犯罪嫌疑人、被告人就路途时间提出合理辩解并经查证属实的，应当予以采信。

9. 认定犯罪嫌疑人、被告人实施偷越国（边）境行为，可以根据其出入境证件、出入境记录、行踪轨迹、移交接收人员证明等，结合犯罪嫌疑人、被告人供述综合认定。

犯罪嫌疑人、被告人以旅游、探亲、求学、务工、经商等为由申领出入境证件，但出境后即前往电信网络诈骗、敲诈勒索等犯罪窝点的，属于《最高人民法院 最高人民检察院关于办理妨害国（边）境管理刑事案件应用法律若干问题的解释》第六条第（四）项规定的使用以虚假的出入境事由骗取的出入境证件出入国（边）境情形，应当认定为偷越国（边）境行为。

10. 具有下列情形之一的，应当认定为《最高人民法院 最高人民检察院关于办理妨害国（边）境管理刑事案件应用法律若干问题的解释》第五条第（二）项规定的“结伙”：

（1）犯罪嫌疑人、被告人就偷越国（边）境的路线、交通方式、中途驻留地点、规避检查方式等进行商议或者以实际行为相互帮助的；

（2）犯罪嫌疑人、被告人之间代为支付交通、住宿等偷越国（边）境过程中产生的相关费用的；

（3）有犯罪嫌疑人、被告人负责与组织、运送偷越国（边）境的犯罪团伙或者个人联系，并带领其他人员一起偷越国（边）境的。

11. 能够查明被害人的身份，但确因客观条件限制无法当面询问的，可由两名以上办案人员通过视频等远程方式询问，并当场制作笔录，经被害人核对无误后，办案人员逐页签名确认，并注明与询问内容一致。询问、核对笔录、签名过程应当全程同步录音录像。询问过程有翻译人员参加的，翻译人员应当在询问笔录上逐页签名确认。

12. 犯罪嫌疑人、被告人辩解在境外受胁迫实施电信网络诈骗、敲诈勒索等犯罪活动的，应当对其提供的线索或者材料进行调查核实，综合认定其是否属于刑法第二十八条规定的“被胁迫参加犯罪”。

犯罪嫌疑人、被告人在境外实施电信网络诈骗、敲诈勒索等犯罪活动期间，能够与外界保持自由联络，或者被胁迫后又积极主动实施犯罪的，一般不认定为胁从犯。

13. 实施跨境电信网络诈骗、敲诈勒索等犯罪的人员，主动或者经亲友劝说后回国投案，并如实供述自己罪行的，应当认定为自首，依法可以从轻或者减轻处罚。其中，犯罪较轻的，可以免除处罚。

14. 犯罪嫌疑人、被告人在境外实施电信网络诈骗、敲诈勒索等犯罪，犯罪情节轻微，依照法律规定不起诉或者免予刑事处罚的，由主管部门依法予以行政处罚。

三、全面加强追赃挽损

15. 公安机关、人民检察院、人民法院应当全面调查、审查跨境电信网络诈骗、敲诈勒索等犯罪集团、犯罪团伙及其成员的财产状况，依法及时查询、查封、扣押、冻结涉案账户资金、房产、车辆、贵金属等涉案财物。对于依法查封、扣押、冻结的涉案财物，公安机关应当全面收集证明其来源、性质、权属、价值，以及是否应予追缴、没收或者责令退赔等证据材料，并在移送审查起诉时随案移送。人民检察院应当对涉案财物的证据材料进行审查，在提起公诉时提出处理意见。人民法院应当在判决书中对涉案财物作出处理。

16. 犯罪嫌疑人、被告人逃匿境外的电信网络诈骗犯罪案件，犯罪嫌疑人、被告人在通缉一年后不能到案，或者犯罪嫌疑人、被告人死亡的，应当依照法定程序没收其违法所得及其他涉案财产。